DU PRÉCAIRE
EN DROIT ROMAIN

DES CONCESSIONS ADMINISTRATIVES
SUR
LES DÉPENDANCES DU DOMAINE PUBLIC
EN DROIT FRANÇAIS

« *Nam longa ætas verba atque mores*
« *veteres obliteravit, quibus verbis moribus-*
« *que sententia legum comprehensa est.* »
(AULU GELLE. *Noct. Attic.* XX. 1.)

PAR

ANDRÉ FAURE
AVOCAT A LA COUR D'APPEL DE PARIS

PARIS
F. PICHON, IMPRIMEUR-LIBRAIRE,
14, RUE CUJAS ET 7, RUE VICTOR-COUSIN
1876

THÈSE

POUR LE DOCTORAT

FACULTÉ DE DROIT DE PARIS

DU PRÉCAIRE
EN DROIT ROMAIN

DES CONCESSIONS ADMINISTRATIVES
SUR
LES DÉPENDANCES DU DOMAINE PUBLIC
EN DROIT FRANÇAIS

« *Nam longe ætas verba atque mores veteres obliteravit, quibus verbis moribusque sententia legum comprehensa est.* »

(AULU GELLE. *Noct. Attic.* XX. 1.)

THÈSE POUR LE DOCTORAT

PAR

ANDRÉ FAURE

AVOCAT A LA COUR D'APPEL DE PARIS.

L'acte public sur les matières ci-après sera soutenu le *lundi 24 juillet 1876, à 1 heure 1/2.*

PRÉSIDENT : M. VUATRIN.

SUFFRAGANTS : MM. VALETTE, MACHELARD, BEUDANT, PROFESSEURS. CASSIN, ACCARIAS, AGRÉGÉS.

PARIS
F. PICHON, IMPRIMEUR-LIBRAIRE,
24, RUE CUJAS ET 7, RUE VICTOR-COUSIN
1876

A MON PÈRE

A MA MÈRE

DROIT ROMAIN

DU PRÉCAIRE.

Ulpien, au DIGESTE, définit ainsi le *Precarium*.

« Precarium est quod precibus petenti utendum
« conceditur tamdiu, quamdiu is, qui concessit,
« patitur. »

Et le jurisconsulte ajoute :

« Quod genus liberalitatis ex jure gentium des-
« cendit. » (L. 1, pr., § 1. *De precario*. D. XLIII.
« 26.)

Le *precarium* consiste donc en une concession d'usage, en une concession de jouissance, faite à titre gratuit, sous faculté de révocation arbitraire. C'est un abandon de pure tolérance, que le concédant est maître de révoquer dès qu'il lui plaît. Cette libéralité appartient au *jus gentium*, elle est accessible aux *peregrini* : et si cette institution a été propre aux mœurs romaines, elle n'a rien eu d'exclusivement réservé aux citoyens romains. Du moins dans le dernier état du droit, tel qu'il nous apparait d'après les sources.

Tels sont les caractères généraux que nous présente la définition d'Ulpien.

Le plus important, celui qui donne au précaire sa forme propre, est la faculté de révocation laissée à la volonté souveraine, au caprice du concédant.

Le mot *utendum* employé par Ulpien dans sa définition, ne doit pas être entendu dans son sens exactement juridique. C'est la jouissance en effet, et non le simple usage de la chose concédée qui fait l'objet ordinaire de la libéralité. Le concessionnaire est autorisé à retirer de la chose toute l'utilité qu'elle peut fournir : il acquiert les fruits.

L'effet du *precarium* est de transférer la possession ou la quasi possession. La seule détention peut aussi être transmise ; Ulpien nous l'apprend encore : mais ce n'est point là ce qui se présentait dans la pratique habituelle, et il fallait, dans cette hypothèse exceptionnelle, une réserve expresse de la part du concédant. La formule même de l'interdit *de precario*, il faut le remarquer, se prêtait également à l'une et à l'autre de ces deux situations.

« Quod ab illo precario habes, disait le Préteur,
« aut dolo malo fecisti, ut desineres habere, qua
« de re agitur, id illi restituas. » (L. 2. pr., h. t.)

Le concédant prend le nom de *rogatus* : Le précariste ou concessionnaire s'appelle le *rogans*. Ces expressions sont venues d'une pratique que la loi première, à notre titre, nous atteste, de la *rogatio*;

comme le nom même de *precarium* vient des *preces* que l'on avait accoutumé de faire.

L'institution du *precarium* a pour résultat de transférer d'une personne à une autre l'exercice seul d'un droit, sans transférer le droit lui-même.

Comme le fait observer M. de Savigny, (Traité de la possession, § 42), l'on trouve en droit romain d'autres institutions tendant à une même fin.

Le bail, le commodat, sont aussi des moyens de transferer le seul exercice d'un droit. Mais ces moyens avaient été reconnus par la loi, consacrés par elle, et l'on avait garanti juridiquement au bailleur ou au commodant la restitution de la chose louée ou prêtée. Pour le précaire, il n'était, au regard du bail et du commodat, qu'une institution imparfaite.

C'était, du moins à l'origine, bien plutôt un état de fait qu'un rapport juridique, qui ne donnait naissance à aucune action du droit civil, au profit du concédant contre le concessionnaire.

Aussi le Préteur dut-il combler cette lacune, et en vint-il à introduire un interdit spécial, l'interdit *de precario.*

« Interdictum de precariis merito introductum « est, dit Paul, quia nulla eo nomine juris civilis « actio esset.» (L. 14. h. t.)

Le Préteur reconnait à la charge du concessionnaire une obligation au profit du concédant. Cette obligation a pour objet la restitution de la chose dont la jouissance avait été concédée.

C'est ici le lieu d'examiner quelle est la nature de cette obligation et d'où elle dérive. C'est, en d'autres termes, la question de savoir dans quelle catégorie d'actes juridiques doit être classé le *precarium*. Sur ce point les solutions les plus diverses ont été proposées.

Pour les uns le *precarium* est un contrat véritable: pour les autres ce n'est qu'un quasi contrat. D'après une troisième opinion, il faudrait le ranger au nombre des pactes prétoriens. D'autres enfin ne reconnaissent aucun caractère conventionnel à l'obligation qui est à la charge du précariste, et ils décident que cette obligation provient, non pas d'un concours de volontés, mais d'un fait qui rentre dans la classe des *maleficia*. Ils voient une sorte de délit dans le refus de restitution opposé par le concessionnaire à son bienfaiteur.

En faveur de la première de ces deux solutions, on invoque la loi *Contractus*, dans laquelle Ulpien, énumérant les divers cas où le débiteur doit répondre de son dol et de sa faute, et ceux où il ne doit répondre que de son dol, range expressément le *precarium* au nombre des contrats.

« Contractus quidam dolum solum malum dun-
« taxat recipiunt, quidam et dolum, et culpam;
« dolum tantum, depositum et precarium... » (L. 23, de Reg. Juris.)

C'est là une qualification formelle; et nous voyons le précaire mis par le jurisconsulte sur la même ligne que le dépôt. D'autre part, si le précaire est un contrat, il doit être garanti par une action. Cette action existe ; c'est l'action *præscriptis verbis* qui sera accordée, de telle sorte que le concédant aura deux moyens à sa disposition, et pourra employer soit la voie prétorienne, soit la voie civile.

« Quum quid precario rogatum est, dit Ulpien, « non solum hoc interdicto uti possumus, sed etiam « præscriptis verbis actione, quæ ex bona fide « oritur... » (L. 2, § 2. h. t.)

De même encore, Paul dans ses sentences :

« Redditur interdicti actio, quæ proponitur ex « eo ut quis quod precario habet restituat ; nam et « civilis actio hujus rei, sicut commodati, competit, « eo vel maxime quod ex beneficio suo unusquisque « injuriam pati non debet. » (Sent. V, IV, § 10.)

Voici encore l'affirmation non moins catégorique de Julien :

« Quum quid precario rogatum est, non solum « interdicto uti possumus, sed et incerti condic« tione, id est præscriptis verbis. » (L. 19, § 2, h. t.)

Ce sont là des témoignages positifs. Néanmoins, des raisons qui ne sont pas moins concluantes, militent en faveur de la solution opposée.

Et d'abord, suivant la remarque qu'en fait M. de Savigny (Traité de la Possession, § 42, p. 435, n. 3, 7e édit. par Rudorff, trad. par H. Stædtler), l'argument tiré de la loi 23, *de regulis juris*, où le *precarium* est expressément qualifié de contrat, peut être repoussé par cette considération, que le mot de contrat désigne, dans ce texte, toute cause susceptible de produire une obligation autre que les délits. Et, en effet, la gestion d'affaires, la tutelle, sont l'une et l'autre enveloppées dans cette qualification générale de *contractus*. Quant à l'action *præscriptis verbis*, accordée au concédant, il ne faudrait la considérer, suivant M. de Savigny, que comme une forme de procédure n'ayant d'importance que pour la pratique du droit, et ne pouvant modifier en rien la nature même de l'obligation.

Deux textes prouvent, en outre, dit-on dans ce second système, que les Romains ne considéraient pas le *precarium* comme un contrat.

Dans le premier de ces textes, Venulejus rapporte une opinion de Labéon, qui décidait qu'un pupille ayant fait une *precarii rogatio* sans l'*auctoritas* de son tuteur, devait être considéré comme ayant la possession précaire, et comme devant être tenu de l'interdit, « nam quo magis possideretur nullum « locum esse tutoris auctoritati, rectèque dici : quod « precario habes, quia quod possideat, ex eâ causâ « possideat ex qua rogaverit : nihilque novi : per « prætorem constituendum, quoniam, sive habeat « rem, officio judicis teneretur, sive non habeat, « non teneatur. » (L. 22, § 1, h. t.)

L'on conclut de ce texte qu'il n'y a rien de conventionel dans le *precarium*; car s'il en était autrement, il faudrait dire que le pupille peut s'obliger sans l'autorisation du tuteur, et il est de principe, au contraire, qu'il ne peut se lier par son seul consentement.

Le second texte est d'Ulpien :

« Is qui precario servum rogaverat, surrepto eo « potest quæri an habeat furti actionem. Et quum « non est contra eum civilis actio, quia simile « donato precarium est, ideoque et interdictum « necessarium visum est, non habebit furti ac- « tionem. Plane post interdictum redditum puto « eum etiam culpam præstare et ideo et furti agere « posse. » (L. 14, § 11, de furtis.)

Un esclave, dit Ulpien, a été l'objet d'un *precarium*. Cet esclave a été enlevé, et l'on se demande si le concessionnaire pourra intenter l'*actio furti*. Il est de principe que cette action n'est accordée qu'à celui qui souffre du *furtum*, et qui avait intérêt à ce que le *furtum* ne fût pas commis. Or, dans l'espèce prévue, cet intérêt n'existe pas. Le precariste, en effet, n'est tenu que de son dol ; il n'est pas tenu de la faute légère ; *custodiam non præstat* ; le concédant ne peut lui demander compte du furtum, *non est contra eum civilis actio* ; ne l'absence de tout intérêt, le précariste n'aura donc pas l'*actio furti*.

Supposons, au contraire, que l'interdit ait été intenté ; le concessionnaire n'est plus, comme par le passé, responsable seulement de son dol et de la faute *dolo proxima* : « Post interdictum redditum « oportebit et dolum, et culpam, et omnem causam « venire ; nam ubi moram quis fecit precario, om- « nem causam debebit constituere. » (L. 8, § 6, h. t.)

Si donc le *furtum* était postérieur à la délivrance

de l'interdit, comme le concessionnaire est alors responsable, l'*actio furti* devrait lui être accordée.

Nous le voyons, dans les deux sens des textes formels, des éléments de décision contradictoires. Ces contradictions, dans les sources, ont fait naître une troisième opinion, qui nous montre dans le *precarium* un développement historique, expliquant ainsi les divergences des jurisconsultes et les antinomies qui se rencontrent dans des fragments empruntés à un même auteur. Les divers moments du développement historique sont bien marqués. Tout d'abord le *precarium* n'aurait point été considéré comme un *negotium contractum*. Ce n'aurait été qu'un pur état de fait, résultant, il est vrai, d'un concours de volontés, mais n'entraînant aucune obligation reconnue par le *Jus civile*. Mais lorsque la possession fut protégée pour elle seule, le secours des interdits fut accordé au concédant. Enfin, et sous l'influence des prudents, malgré une longue et vive résistance, le précaire aurait été admis au nombre des contrats : c'est comme tel qu'il aurait été garanti par l'action *præscriptis verbis*.

Cette explication, que Cujas indiquait peut-être le premier, fait disparaître les contradictions des sources : elle se lie, de plus, et se trouve en harmonie parfaite avec l'histoire de la théorie des contrats innomés, avec la théorie des interdits possessoires.

Il est incontestable qu'à l'origine, le droit civil

ne protégeait pas d'une manière spéciale la situation du concédant, qui n'avait que les moyens ordinaires pour resaisir la possession qu'il avait abandonnée. Le précaire n'était en aucune façon reconnu et consacré par le droit civil, qui, comme le dit M. Machelard (*Théorie des Interdits en droit romain*, p. 264), n'intervenait pas pour régler les difficultés que pouvait faire naitre un pareil arrangement.

Dans la loi quatorze, à notre titre, Paul, se reportant au temps ancien, nous apprend que le Préteur dut introduire l'interdit de *precario* pour combler une des lacunes du droit civil : il nous indique aussi qu'autrefois le précaire n'était point considéré comme un *negotium contractum* : « Magis enim ad donationis et beneficii causam, quam « ad negotii contracti spectat precarii conditio. »

Par la suite, et probablement en raison de ce que le précaire avait été étendu en dehors de son application primitive, cette extension ayant peu à peu modifié les rapports entre concédant et concessionnaire, et leur ayant insensiblement fait perdre leur caractère de libéralité et de bienfaisance pour les transformer et leur donner une nature différente, empruntée aux relations de créancier à débiteur, la garantie civile, lentement créée sous l'influence d prudents, l'action *præscriptis verbis*, essentiellement contractuelle dans son principe, vint sanctionner enfin un contrat d'origine ancienne et de formation récente.

Il ne faut donc point conclure à une contradiction, lorsque nous voyons Paul, dans la loi 14, à notre titre, dire que le *precarium* ne donne naissance à aucune action civile, et affirmer au contraire, dans ses sentences, qu'une action est attachée aussi bien au *precarium* qu'au commodat. Paul lui-même nous indique un développement et des phases successives :

Quia nulla actio civilis esset, dit-il dans la loi quatorze ; et en parlant ainsi il se reporte à l'ancien droit.

Rapprochant l'affirmation de Paul, dans ses sentences, de la loi quatorze, *de furtis*, et de la loi première, à notre titre, Cujas a vu nettement la transformation historique : « Paulus de jure novo « loquitur, dit-il, illæ leges de veteri. » Et ailleurs : « Hodie est simile commodato et numeratur inter « contractus ab Ulpiano in L. contractus de R. « Juris. Olim fuit simile donationi... » (Cujas op. Ed. Fabrot t. X. c. c. 348-349.)

De même les deux fragments d'Ulpien que nous avons cités déjà (la loi 14, § 11, *de furtis*, et la loi 2, § 2, H. t.) contiennent une contradiction inexplicable si l'on n'admet pas un développement historique.

De même encore, en nous occupant de la transmission du *precarium*, nous verrons que le sentiment d'Ulpien relativement à la transmission ne se peut expliquer, comme le dit M. Machelard, qu'avec l'existence d'un lien contractuel admis par le jurisconsulte.

Reste à concilier avec cette dernière opinion les deux textes précédemment cités de Venulejus et d'Ulpien, sur lesquels se fonde principalement le système adopté par M. de Savigny, système qui ne reconnait à aucune époque un contrat dans le *precarium*.

Le texte d'Ulpien refuse au précariste l'*actio furti*: la raison qu'en donne le jurisconsulte c'est que le précariste ne peut être recherché à raison de sa faute par aucune action du droit civil, que dès lors, tout intérêt faisant défaut pour lui, il n'est pas fondé à réclamer l'*actio furti*. L'on pourrait combattre Ulpien par lui-même : dans un autre texte, la loi 2, § 2, à notre titre, il reconnait expressément l'existence d'une action civile au profit du *rogatus* contre le concessionnaire. Il y a donc là une contradiction insoluble, que peut seule résoudre le système historique.

Mais on pourrait se demander si Ulpien, depuis l'admission de l'action *præscriptis verbis*, n'eut pas dû modifier la solution qu'il donne dans la loi 14, § 11, *de furtis*. La solution doit rester la même, mais elle doit être autrement motivée. Le motif à donner nous est signalé par Ulpien lui-même, à la fin de ce paragraphe 11e; c'est qu'avant comme après l'admission de l'action *præscriptis verbis* la responsabilité du précariste a toujours été mesurée avec la même indulgence; c'est que même après l'admission de l'action *præscriptis verbis* il n'est tenu que de son dol et de sa faute *dolo proxima; custodiam non præstat*; il ne peut être recherché à l'occasion de sa faute, et échappant à toute poursuite de ce chef, tout intérêt pour lui faisant défaut, on ne doit point davantage lui accorder l'*actio furti*.

Quant au texte de Venulejus il ne contredit point à la transformation du précaire, et il peut être maintenu même après l'admission de l'action contractuelle. On suppose qu'un pupille a fait une *precarii rogatio* sans l'autorisation de son tuteur, et Labéon, à ce que rapporte Venulejus, Labéon décidait en ce cas que le pupille pouvait être tenu de l'interdit *de precario*. L'on en conclut, dans le système de M. de Savigny, que si le *precarium* eût été un contrat, on n'eut pu le faire valoir contre le pupille, qui ne peut contracter seul et sans l'autorisation de son tuteur.

L'argument serait très-fort, si l'on prétendait que dès l'origine le précaire ait eu un caractère contractuel; si, même dans le dernier état du droit, on ne pouvait encore distinguer dans le précaire deux éléments bien distincts : la possession, d'une part, que l'interdit a pour seul objet de protéger, la possession que le pupille peut acquérir seul, sans le secours de son tuteur, à raison de laquelle il peut être tenu, car il n'y a là aucun lien contractuel; — et d'autre part, un lien contractuel, qui ne fut reconnu que plus tard, lien dans lequel le pupille ne peut s'engager seul. Donner un interdit contre un pupille, ce n'est point reconnaître à sa charge une obligation dérivant d'un rapport contractuel : c'est la possession vicieuse qu'on reprend des mains du pupille, la possession seule.

Mais au contraire, l'action *præscriptis verbis*, comme elle est contractuelle dans son principe, n'aurait pu être, croyons-nous, donnée contre le pupille, puisqu'il ne peut contracter sans l'autorisation du tuteur; aussi Venulejus ne parle-t-il que de l'interdit, et non point de l'action *præscriptis verbis*.

Le *precarium*, ainsi que nous l'avons dit, a été rangé par quelques auteurs parmi les pactes prétoriens. Cette opinion doit être rejetée. Elle ne s'appuie sur aucun texte. Le nombre de pactes prétoriens a été augmenté à tort, et l'on a donné ce nom à quantité de rapports obligatoires qui ne le méritent point. Les seuls pactes prétoriens que l'on puisse citer sont le pacte de constitut et le pacte d'hypothèque.

Enfin le précaire a été considéré comme un quasi-contrat. Nous pensons que cette opinion avait même à Rome ses partisans. C'étaient les jurisconsultes de l'École Sabinienne, qui voulant accorder au précaire une garantie civile, et se refusant en même temps à le considérer comme un contrat et à admettre l'action *præscriptis verbis*, donnaient à la *condictio* une extension admise déjà dans plusieurs autres cas, extension autorisée quand l'on se trouvait en présence d'un enrichissement sans cause. Il y avait donc en pareil cas une action *quasi ex contractu*.

C'est ce que semblent établir, dans notre hypothèse particulière du *precarium*, d'une part, la divergence des Ecoles Sabinienne et Proculéienne touchant l'emploi de l'action *præscriptis verbis*; — d'autre part, le texte même de la loi 19, § 2, à notre titre, si, comme nous le pensons, les derniers mots de ce texte, *id est præscriptis verbis*, doivent être supprimés comme ayant été ajoutés après coup et par erreur.

Les éléments constitutifs du précaire sont au nombre de deux : un élément de fait, la remise de la chose concédée, dont le précariste doit avoir la possession ou la seule détention; — un élément intentionnel, émanant de chacune des deux parties, et qui affecte l'opération tout entière en lui donnant son caractère propre.

Et d'abord la remise de la chose. Le *precarium* commence nécessairement par l'exécution unilatérale d'un pacte antérieur. On pourrait donc dire que le *precarium* se forme *re*. C'est par la même raison et en considération de la nécessité d'une exécution unilatérale, que les contrats innomés ont été qualifiés de réels. C'est ainsi qu'ils ont été dénommés par les interprètes. Selon M. Accarias, cette appellation est exacte, mais elle tend à fausser la notion des contrats réels. La *res*, élément constitutif d'un contrat, consiste toujours en une tradition. « Mais cette expression ne se rencontre jamais « dans les contrats innomés qui naissent d'un *fac-* « *tum* ». V. M. Accarias (*Théorie des contrats innomés*) et l'on rencontre dans le précaire, tel qu'il était organisé et garanti dans le dernier état du droit, un exemple saisissant de l'esprit qui a présidé au développement de la théorie des contrats innomés. Le principe en vertu duquel une obligation munie d'action peut être formée *re*, ce principe avait été d'abord limité aux quatre contrats réels par excellence, le *mutuum*, le commodat, le gage, le dépôt. Peu à peu cependant le principe fut étendu à d'autres cas très-rapprochés ; puis l'on en arriva à ne plus l'appliquer seulement à ces espèces voisines, mais encore aux hypothèses plus éloignées et qui n'ont presque aucune ressemblance extérieure avec les quatre formes primitivement reconnues. Cette extention n'a point été l'œuvre d'un jour, et n'a été admise qu'après une longue lutte et malgré de vives oppositions. Elle commence au temps de Labéon, qui a donné la première idée, qui a façonné la première ébauche d'une théorie des contrats innomés, et qui est peut-être l'inventeur de l'action *præscriptis verbis*.

Au temps d'Ulpien, au IIIe siècle, la théorie est faite.

Il importe de marquer les phases successives de ce progrès.

L'action *præscriptis verbis*, à l'origine, ne s'appliquait que dans deux hypothèses ; quand il y avait doute sur la nature du contrat civil qui s'était formé : auquel cas, il existait certainement une action du droit civil ; mais on ne savait laquelle devait être accordée ; — quand intervenait entre deux personnes un contrat ordinaire, garanti par le droit civil, et quand ce contrat avait été modifié non point dans l'un de ses éléments essentiels, mais seulement dans ses effets. Par exemple, la vente avec pacte de réméré.

A partir d'une certaine époque, probablement le règne de Trajan, l'on étendit la sphère d'application de l'action *præscriptis verbis*, et elle fut accordée alors même que l'on se trouvait en présence d'un contrat du droit civil, modifié dans l'un de ses éléments essentiels.

Enfin, une dernière extension fut réalisée, et les jurisconsultes romains admirent l'application de l'action *præscriptis verbis* dans des contrats que ne reconnaissait point le droit civil.

Pour ces contrats nouveaux, les contrats innomés, l'action *præscriptis verbis* ne fut pas admise dès l'abord d'une manière générale, mais seulement pour ceux qui se trouvaient déjà garantis par deux autres actions, la *condictio ob pænitentiam*, la *condictio ob causam dati*. La première de ces deux actions, la *condictio ob pænitentiam* était accordée quand une opération synallagmatique présentait les caractères du mandat, les caractères d'une offre que l'on peut retirer, et lorsque le retrait de la dation, de la prestation faite par l'une des parties ne pouvait nuire aux droits d'autrui.

L'emploi de cette *condictio* se justifiait par cette considération, qu'il n'était accordé que dans des cas présentant de l'analogie avec le mandat; et le mandat est révocable.

Mais on alla plus loin, et l'on admit encore une autre action : la *condictio ob causam dati.*

Comment cette action fut-elle admise? Le contrat innomé est précédé d'un pacte, mais ce pacte, par lui seul, ne suffit point à créer une obligation civile. La condition de l'existence du lien obligatoire réside dans l'exécution respective de la convention. L'obligation est subordonnée à une cause; la cause, c'est l'exécution du pacte par l'une et l'autre des parties. De telle sorte, qu'on ne peut connaître certainement l'existence de la convention qu'autant qu'elle est éteinte par la *solutio*, par l'exécution.

Quand, en vertu d'un pacte, l'une des parties transfère à l'autre la propriété d'une chose, elle accomplit ce transfert, non point dans l'intention d'acquitter une obligation qui lui incombe, mais dans l'intention d'obliger envers elle l'autre partie, de créer à sa charge un lien obligatoire. Supposons que l'autre partie, celle qui profite de l'exécution du pacte, ne veuille pas à son tour l'exécuter. En ce cas, l'on donnera contre elle la *condictio ob causam dati.* Cette *condictio* ne naît pas du contrat, du pacte. Elle naît d'un fait, *quasi ex contractu,*

Elle a pour objet de revenir sur le passé, d'obtenir de la partie qui n'a pas exécuté, qu'elle retransfère à son tour la propriété qui ne lui a été transférée que pour obtenir une prestation qu'elle ne veut point exécuter.

Ce mode de procéder ne fut admis tout d'abord que pour les contrats innomés rentrant dans la classe des *negotia do ut des, do ut facias.* C'est qu'il y avait alors une translation de propriété sur laquelle il s'agissait de revenir, et c'est ce que suppose la *condictio ob causam dati.*

Ce fut d'abord dans ces mêmes cas, dans les *negotia* de la classe *do ut des, do ut facias,* qui fut admise l'action *præscriptis verbis.* Plus tard, elle fut admise dans les contrats *facio ut facias :* c'était, peu avant le règne de Marc-Aurèle, le sentiment de Paul. Enfin, et même au temps de Paul, une dernière extension; Ulpien accorde l'action *præscriptis verbis,* d'une manière générale, dans les quatre classes des *negotia do ut des do ut facias, facio ut facias, facio ut des.* (V. M. Accarias. *Théorie des contrats innomés*).

La différence entre la *condictio ob causam dati,* et l'action *præscriptis verbis,* est profonde. L'une est une action en répétition, qui naît *quasi ex contractu,* d'un fait assimilé à un contrat; — l'autre naît d'un contrat désormais garanti par le droit civil : elle n'est pas une action en répétition : elle tend à obtenir de celle des deux parties qui n'a point encore exécuté, l'exécution de la prestation réciproque qui a été promise.

D'ailleurs même avant la grande extension donnée à l'action *præscriptis verbis*, lorsque le refus d'exécution opposé par celles des parties qui avait reçu la première prestation, avait été frauduleux, le préteur accordait au créancier l'action *de dolo*, aux fins d'obtenir des dommages et intérêts : Le préteur donnait même une action *in factum*, aux mêmes fins lorsque le dol n'était pas exactement caractérisé, et lorsque l'équité réclamait impérieusement un tel secours. Comme le dit M. Maynz (*Cours de droit romain*, § 328, t. II, p. 306), le principe d'une action en dommages et intérêts pour cause d'inexécution étant admis, il ne fallait qu'un pas de plus pour accorder une action à l'effet de poursuivre l'exécution elle-même.

M. de Savigny (*Traité de la possession*, § 42) semble ranger le *precarium* dans la classe des *negotia do ut des*. Cette solution nous paraît inadmissible. Il y a sans doute une remise de la chose, et une promesse de la restituer : mais cette remise ne constitue nullement une *datio*, car elle n'entraîne point un transfert de propriété. La remise de la chose dans le précaire, constitue un *factum* : la restitution promise constitue également un *factum* : l'on est donc obligé de reconnaître que le *precarium* était un *negotium* de la classe *facio ut facias*.

Examinons maintenant quelle est l'intention qui préside à la remise de la chose par le concédant et à son acceptation par le bénéficiaire. L'un et l'autre, dans cet acte, obéissent à un accord de volontés préalable. Il y a eu antérieurement *consensus in idem placitum*. L'élément intentionnel est bien considérable ici ; car, s'il n'est point reconnu comme la cause de l'obligation qui doit peser à la charge du concessionnaire, il donne au moins à l'opération tout entière un caractère spécial. La précarité, qui est une forme régulière, positive de la possession, admise, protégée, d'où provient-elle en effet, si ce n'est de la volonté concordante des deux parties ? L'élément intentionnel vient donc donner aux actes juridiques leur véritable valeur ; il nous montre dans les faits des dissemblances, des qualités propres que les simples rapports extérieurs ne suffisent pas à nous découvrir.

D'une part le concédant, à qui les prières ont été adressées, fait un acte de pure libéralité : c'est un bienfaiteur : il abandonne la jouissance de sa chose et ne réclame rien en retour de son abandon généreux, mais il ne s'oblige en aucune façon : un engagement de sa part serait contraire à l'essence même du précaire. Comme le dit expressément Ulpien (L. 2, § 2, h. t.), il est juste qu'on ne puisse pas abuser d'une libéralité contre le gré de celui qui l'a faite ; il est juste que le bienfaiteur dont la volonté a changé puisse révoquer le bienfait qu'il a accordé sous la condition formelle d'une révocation arbitraire. L'adjonction même d'un terme ne serait pas un obstacle à ce droit absolu de révocation. Celse suppose qu'une concession à précaire a été faite, et qu'il a été convenu que le précariste resterait en possession jusqu'aux kalendes de juillet. Devra-t-on accorder une exception au précariste et lui permettre de résister à la demande de révocation, pour que la possession ne lui soit pas enlevée avant l'époque fixée?

« Nulla vis est hujus conventionis, répond le « jurisconsulte, ut rem alienam domino invito « possidere liceat. » (L. 12, pr. h. t.)

Ce point est donc hors de doute, que dans tous les cas, la révocation de la concession est laissée au caprice du concédant, et que nulle obligation n'est à sa charge.

Quant au précariste, il reçoit une libéralité : mais il sait que cette libéralité n'est point définitive, que le maintien en est subordonné au bon plaisir de son bienfaiteur. Il reconnait un droit supérieur au sien ; il sait qu'à toute époque la chose concédée peut lui être retirée. Il se soumet à cette condition : et la nature du droit qui lui est transmis dérive de cette reconnaissance formelle.

Au regard des tiers, la *possessio* transmise au précariste est une *justa possessio*. Il détient en vertu d'un juste titre. Mais au regard du concédant, quelle est la nature de la possession transmise? Faut-il dire qu'elle est *justa* puisqu'il y a eu transmission régulière consentie en faveur du précariste? Et qu'elle reste telle jusqu'au refus de restitution? C'est ainsi que le décide M. de Savigny (*Traité de la possession*, § 42). A son gré la possession ne devient vicieuse, *injusta* que par le refus de restitution. L'abus de confiance du précariste, la résistance aux légitimes réclamations du concédant, a le même effet pour le *precarium* que l'emploi de la violence dans la *violenta possessio*. En un mot, le vice dont est atteinte la possession précaire, provient non point du *precarium* seul, mais du *precarium revocatum*.

Nous suivrons plus volontiers ici le sentiment de Cuperus (*Observationes selectæ de natura possessionis*. Lugd. Bat. 1789. II.) de M. de Vangerow (*Pandekt*. III. § 691.) pour qui le *precarium* seul, indépendamment de toute révocation, produit une exception, comme en produisent la clandestinité et la violence. Nous dirions alors, qu'au regard des tiers la possession du précariste est *juste*, comme émanant de l'autorité du *justus possessor*, le concédant : mais qu'à l'encontre de ce dernier, au contraire, la possession se trouve dès le début tout spécialement affectée, qu'elle ne devient pas, mais qu'elle naît injuste et vicieuse. Mais l'examen de cette question ne doit point être abordé dès maintenant : et doit suivre l'examen d'autres questions préalables.

Une obligation pèse à la charge du précariste : l'obligation de restituer. Mais il s'agit de déterminer à quel moment cette obligation prend naissance. Nous avons admis que le précaire avait subi dans la suite du temps toute une série de modifications. Commençant par un simple état de fait, n'ayant rien de juridique, il reçoit tout d'abord une protection rudimentaire; il parvient enfin à être compris au nombre des contrats garantis par le droit civil. N'est-ce point admettre par là même que l'obligation du précariste n'a pu sans changer de nature, se trouver successivement garantie par un interdit et par une action éminemment contractuelle dans son principe? Et n'est-il pas nécessaire, dans l'opinion que nous avons suivie, de reconnaître à cette obligation un caractère différent, variant suivant les époques? Ne faut-il point reconnaître même dans le dernier état du droit, que le *precarium* peut être encore considéré et comme un simple état de fait, et comme un contrat innomé, selon que l'on s'attache de préférence et suivant les hypothèses à l'un ou à l'autre des éléments qui le constituait, le transfert de la possession d'une part, la convention des parties d'autre part?

Les interdits possessoires sont des actions *in personam* au premier chef. Comme le dit M. Maynz (*Cours de droit romain*, § 174, t. I. p. 544.), comme l'avait enseigné M. de Savigny, (*Traité de la possession*, § 6), ils sont fondés non point sur un droit légal du demandeur, mais bien sur une violation de la personnalité, qui oblige le défendeur à réparer le tort qu'il a pu causer par son *maleficium*. En ne considérant que l'interdit *de precario*, il est incontestable que l'obligation qu'il a en vue de faire exécuter, prend sa source dans l'abus de confiance commis par le détenteur, qui veut par ce moyen se maintenir dans une possession injuste. Sans examiner même si la possession a été ou non injuste dès le début, il y a un véritable abus de confiance dans le refus de restitution opposé par le concessionnaire, il y a là un *maleficium*, qui est la cause même de l'*obligatio*. Nous serons donc amenés à conclure que tant que l'interdit seul a été ouvert au concédant, on ne devrait, malgré le vice qui affectait la possession, reconnaître aucune obligation à la charge du précariste, antérieure à son refus de restitution.

Mais si l'on considère le *precarium* en tant que garanti par l'action *præscriptis verbis*, la solution ne doit point être la même. Une modification fondamentale a été apportée : l'on a reconnu un contrat dans l'accord de volontés suivi d'exécution. Et l'obligation du précariste dans ce dernier état, devrait naître, non point au moment où la révocation intervient, mais à l'instant même où la chose a été remise à celui qui en avait sollicité la possession. C'est le refus de restitution qui fait naître le droit à l'interdit : ce droit est donc postérieur à l'état de fait créé par la volonté des parties. L'action *præscriptis verbis*, au contraire, naît au profit du concédant dès que cet état de fait se trouve constitué ; elle dérive du *consensus in idem placitum*, qui a reçu son exécution de la part de l'un des contractants.

Cette différence est remarquable et doit produire,

notamment en matière de prescription, des effets que nous devons noter.

C'est une question controversée que celle de savoir à quel moment commence dans le *precarium* la prescription extinctive, organisée par Théodose. Le délai de trente ans doit-il courir à dater de la concession, ou seulement à dater du refus de restitution?

M. de Savigny (*Traité de la possession*, § 42; *Syst.* V, p. 280, n. a.) a dû logiquement se ranger à la première de ces deux opinions. Il la soutient dans son Traité de la possession, dans son Système du droit romain.

Contre lui la deuxième solution a été proposée par Thon, (*Zeitsch. f. Civilr. und Proc.* VIII, 1835. n° 1, § 17, p. 49-54. *Addition*, p. 448.,) par M. de Vangerow T. III. § 691), par M. Machelard. (*Théorie des Interdits*, p. 270). Nous pensons que l'une et l'autre de ces deux solutions pourrait être admise en tenant compte ici encore du progrès historique qui a transformé le *precarium*. S'agit-il du *precarium* primitif, garanti par l'interdit du *precario* seul, le délai de la prescription extinctive ne devrait, croyons-nous, commencer à courir qu'au moment où le refus de restitution a été opposé. Et en effet, l'on ne saurait admettre que la prescription pût courir avant la naissance de l'action qu'elle a pour objet de paralyser. S'agit-il au contraire du *precarium* transformé, devenu contrat, il faut reconnaître alors que le délai de la prescription courra dès que la concession à précaire aura été faite, que la prestation aura été exécutée par le concédant. Le droit de ce dernier, et l'action *præscriptis verbis* naît en même temps que la prestation faite par lui. C'est cette action que la prescription Théodosienne doit paralyser. Pour que le délai de cette prescription commence à courir, il faut que l'action soit née. Telle est la condition nécessaire et suffisante qui détermine le jeu de la prescription. Cette condition fondamentale se rencontre dans notre hypothèse.

Remarquons que cette conséquence de principes nouveaux adoptés pour le précaire est toute à l'avantage du concessionnaire.

Notons encore avec M. Machelard (*Théorie des Interdits*, p. 270, 271), qu'il ne s'agit pas ici de cette prescription trentenaire qui, dans le dernier état du droit romain, permettait de repousser la revendication et qui donnait cette faculté même au possesseur de mauvaise foi. Il n'est question, dans notre hypothèse, que de la prescription extinctive organisée par Théodose. Dans le *precarium*, il y a absence de possession efficace à l'encontre du concédant ; à moins d'une interversion formelle, le précariste est indéfiniment soumis à l'obligation de restituer, dès que la révocation aura été prononcée. Le bénéfice de la prescription consistera donc uniquement en ceci, qu'après l'expiration du délai de trente ans, la restitution comprendra seulement ce qui est réellement possédé lors de la réclamation du concédant, et cela quand bien même l'objet de la concession aurait été diminué par le dol ou la faute lourde du concessionnaire. Avant l'expiration du délai de trente ans, le précariste eût été tenu de restituer non-seulement la chose dans l'état où elle se comporte, mais encore d'indemniser le concédant de toutes les diminutions provenant d'un dol ou d'une faute *dolo proxima*.

Nous voyons bien apparaître clairement ici les deux éléments : la possession considérée isolément, d'une part, et d'autre part, une obligation distincte, que la prescription peut permettre de ne pas exécuter.

Reste à savoir quelle était la nature du contrat que l'on reconnaissait dans le *precarium*. Est-ce un contrat unilatéral, est-ce un contrat synallagmatique ? La définition du συνάλλαγμα nous est très-exactement rapportée par Ulpien. C'est la coexistence de deux obligations, *ultro citroque obligatio*, de telle sorte que chacune des parties se trouve obligée et ait en même temps un droit actif d'obligation. Un double rôle de créancier et de débiteur incombe à chacun des contractants.

Pouvons-nous admettre dans le précaire l'existence d'un συνάλλαγμα ? Nous n'y rencontrons qu'une créance au profit du *rogatus*, qu'une obligation à la charge du *rogans*. Mais nous ne découvrons aucune créance à son profit. Donc les condition essentielles d'un συνάλλαγμα font ici défaut, et nous en devons conclure que le precarium est un contrat unilatéral.

L'opinion contraire a été soutenue : elle s'appuie sur cette considération que, dans les contrats innomés, le simple pacte qui précède toute réalisation effectuée par l'une des parties a un caractère synallagmatique. Sans doute, comme le dit M. Accarias (*Théorie des Contrats innomés*), la prestation une fois faite, la simultanéité de deux obligations sera chose rare ; mais ce n'est pas pourtant chose impossible. Nous pouvons en prendre un exemple dans un *negotium* de la forme *do ut des*. Supposons que A ait donné sa maison à B, pour que ce dernier en retour lui donnât sa ferme. La maison donnée par A était, au jour du pacte, libre et franche. Au jour où la livraison est effectuée, B reçoit la maison grevée d'une servitude. Incontestablement il pourra exercer une action en réparation du préjudice qui lui est causé. En écartant les circonstances de fait, continue M. Accarias, on peut raisonner ainsi : le premier qui exécute le pacte pourrait se dispenser de l'exécuter. Mais l'exécution une fois faite, on la considère après coup comme ayant été accomplie ex debito. Le premier, en exécutant, s'est obligé et libéré par le même fait. C'est dire, en résumé, que l'accord synallagmatique qui précède ou qui accompagne la formation du contrat lui imprime absolument son propre caractère.

Sans doute ce n'est qu'à grande peine que l'on peut appliquer ces données au précaire, alors que nous ne voyons qu'une obligation à la charge du précariste, aucune action rémissoire ouverte à son profit. Mais il faut se rappeler que le précaire fut tout d'abord assimilé à une donation, et que, par sa nature même, il constitue un acte de pure libéralité. Nous savons cependant qu'une espèce particulière de donation, la donation *sub modo* fut considérée par les jurisconsultes romains comme un contrat synallagmatique, et comme tel garantie par l'action *præscriptis verbis*.

Quelques mots sur la forme extérieure du précaire. Comme le dit Ulpien (L. 1, h. t.), la concession est demandée par des prières. Dans le deuxième fragment, à notre titre nous retrouvons la même idée. Le précariste est mis en possession *ex hac solum modo causa quod preces adhibuit.* L'on a soutenu que la forme précative était l'une des conditions essentielles de notre contrat. Mais il y a lieu de penser, comme le fait remarquer M. de Vangerow (T. III, § 691), que ce n'était point là une solennité indispensable, et que les fragments d'Ulpien, qui viennent d'être cités, ne faisaient qu'indiquer ce qui se présentait habituellement dans la pratique.

Le passage suivant de Paul ne laisse aucun doute à cet égard : « Precario possidere videtur, non tan« tum qui per epistolam vel quacumque alia ra« tione hoc sibi concedi postulavit, sed et is, qui « nullo voluntatis indicio, patiente tamen domino, « possidet. (Sent. V. t. VI, § 11, Add. Gaius. L. 0, h. t.)

Ce témoignage suffit : il indique que le *precarium* se peut établir non-seulement sur la prière formelle du concessionnaire, mais encore *inter absentes*, par le moyen d'une *epistola*, et enfin sans même que le concédant ait besoin de manifester sa volonté autrement que par une simple tolérance : *Patientia*, dit le texte de Paul.

Bulling (*Das precarium*, § 2, Leipzig, 1846), résume ainsi les conditions nécessaires à l'établissement d'un precarium ; il faut premièrement qu'une personne se soit établie dans une situation de puissance effective sur une chose ; il faut, deuxièmement, que cette personne veuille exercer *precario* cette puissance, qu'elle ait l'*animus precario habendi* ; il faut enfin que le propriétaire de la chose, ou du moins celui qui peut la concéder à titre précaire, sache que la chose est entre les mains du *rogans*, et qu'il ne s'oppose pas à ce qu'elle y demeure jusqu'au temps où il lui plaira de la retirer.

Nous ne trouvons pas, dans les sources, de règle qui indique précisément la sphère d'application du *precarium*. Il nous apparaît comme une institution imaginée pour les besoins spéciaux d'une époque déterminée, et tout d'abord il n'a dû se présenter que dans les cas limités en vue desquels il avait été créé. Aussi suppose-t-on qu'à l'origine il ne s'appliquait qu'aux immeubles; c'est ce que l'on induit du passage suivant, emprunté à Isidore : « Precarium est dum prece creditor rogatus permittit « debitorem in possessione fundi sibi obligati demorari et ex eo fructus capere. » (*Isidori*, Orig. V, 25.) Et Ulpien, d'autre part : « In rebus etiam « mobilibus precarii rogatio constitit. » (L. 4, pr.

h. t.) L'on en pourrait conclure que cette extension ne s'est produite que plus tard. Mais comme le fait observer M. de Savigny (*Traité de la Possession*, § 42, p. 438, n. 2), telle est seulement la leçon d'Haloander; et d'autres manuscrits, d'autres éditions portent *consistit*. Alors s'évanouirait toute allusion à une pareille extension. Ce n'est donc là qu'une conjecture. Le précaire aurait donc été à l'origine une manière de prêt à usage, à longue durée, ne s'appliquant qu'aux seuls immeubles. Le commodat, d'autre part, n'aurait été à l'origine employé que pour les choses mobilières seulement. Mais cela encore n'est qu'une conjecture.

Ce qui est positif, ce que les sources nous apprennent d'une manière formelle, c'est que le precarium, dans le dernier état du droit, s'est appliqué aussi bien aux choses mobilières qu'aux immeubles.

Le précaire n'était pas restreint aux seules choses corporelles. Les textes nous apprennent formellement qu'il s'étendait, comme la possession ellemême, aux choses incorporelles, au droit d'usufruit, aux droits de servitude.

« Habere precario videtur qui possessionem vel « corporis, vel juris adeptus est, et hac solummodo « causa, quod preces adhibuit, et impetravit, ut « sibi possidere aut uti liceat. — Veluti si me pre- « cario rogaveris, ut per fundum meum ire vel « agere tibi liceat, vel ut in tectum vel in aream « ædium meorum stillicidium, vel tignum in pa-

« rietem immissum habeas. » (Ulpien, Gaius, LL. 2, § 2 et 3, h. t.)

Ainsi, de même que la notion première de la possession a été étendue, et que l'on a admis une *quasi-possessio juris* pour les choses incorporelles, de même le précaire, intimement lié à l'origine, à la théorie de la possession, a pu comprendre aussi dans son domaine l'usage des droits autres que le droit de propriété ou que le droit de possession.

Pour l'usufruit, nulle difficulte, malgré que l'usufruitier ne possède pas la chose sur laquelle est établi son droit. L'objet du précaire, en pareil cas, c'est l'exercice du droit d'usufruit lui-même; ce n'est point la possession de la chose que l'usufruitier transfère au précariste, c'est la *quasi-possessio juris*, la possession du droit de servitude personnelle. L'usufruitier pouvant transmettre l'exercice de son droit, peut aussi bien en faire l'objet d'une concession à titre précaire.

« Usufructuarius, vel ipse frui ea re, vel alii « fruendam concedere, vel locare, vel vendere po- « test; nam et qui locat, utitur, et qui vendit « utitur. Sed et si alii precario concedat, vel donet, « puto eum uti, atque ideo retineri usumfruc- « tum; et hoc Cassius et Pegasus responderunt, et « Pomponius libro quinto ex Sabino probat. » (L. 12, § 2. *De usufr.*)

Un doute avait pu s'élever à raison du caractère spécial de l'usufruit, qui attaché à la personne, ne peut faire par lui-même l'objet d'une cession.

Comme il ne s'agit point en notre hypothèse de la cession du droit lui-même, qui reste intact, mais seulement d'une concession portant sur l'exercice du droit, il n'y a rien que de très-valable dans une semblable opération. Aussi Ulpien, et les jurisconsultes qu'il cite, font-ils remarquer que c'est encore une manière d'user du droit d'usufruit que d'en transmettre l'exercice à autrui. Il y a donc lieu de dire ici que *Jus non discedit a persona.*

Quant au droit d'usage, il est de sa nature indivisible, et il est restreint tout particulièrement à la personne du titulaire. Il a perdu peu à peu cependant de sa valeur primitive : c'est ainsi que l'usager d'une maison, à la condition que lui-même l'habiterait aussi, a pu *recipere hospitem* et recevoir même un locataire. Mais il n'en est pas moins vrai que le droit est resté toujours si bien attaché à la personne de l'usager, que l'exercice n'a pu en être séparé comme cela se pratiquait pour l'usufruit. Gaius s'exprime ainsi, en parlant de l'usager :

« *Nec ulli alii jus, quod habet, aut vendere, aut* « *locare, aut gratis concedere potest.* » (L. 11. *De usu et habitatione.*)

Une concession à précaire sur un droit d'usage est donc chose impossible.

Il faut décider de même pour l'*habitatio*, bien qu'elle ne ressemble absolument ni à l'usufruit, ni au droit d'usage. L'habitation était traitée tout d'abord comme l'*usus*. Puis on accorda au titulaire de louer à autrui sans habiter lui-même : mais il ne lui était point permis de céder gratuitement l'exercice de son droit. Probablement, dit M. Maynz (*Cours de droit romain*, § 216. T. 1, p. 700), parce que l'habitation était considérée comme une espèce d'aumône.

Nous arrivons maintenant aux servitudes réelles, et ici nous rencontrons les plus graves difficultés. Nous reproduisons brièvement quelques principes généraux qui dominent toute la matière.

La notion de la possession, qui suppose un pouvoir physique sur une chose, ne s'applique qu'aux choses corporelles. « *Possideri possunt quæ sunt corporalia.* » Toutefois si l'on considère la possession dans ses rapports avec le droit de propriété, on remarque qu'elle apparaît comme l'exercice même de ce droit, comme la mise en œuvre des pouvoirs compris dans le droit.

C'est par extension de cette idée que la possession peut être considérée comme l'exercice du droit de propriété, que les Romains ont appliqué la notion de possession à l'exercice d'autres droits réels, non seulement à l'usufruit mais encore aux servitudes réelles ou tout au moins à quelques-unes d'entre elles.

Il a fallu décomposer l'idée du *dominium* : et de même que l'on a distingué entre le droit de propriété et l'exercice de ce droit, de même aussi a-t-on pu distinguer entre les démembrements du droit de propriété, et l'exercice seul de ces démembrements, de ces diverses parties d'un tout. De là l'idée de possession appliquée aux servitudes; *quasi possessio, juris possessio.*

En somme, la possession proprement dite ne pouvant d'après sa nature s'appliquer qu'à des choses corporelles, ce n'est qu'abusivement qu'elle a été étendue à des choses incorporelles comme les droits de servitude.

Mais la possession, pouvant être d'autre part, considérée aussi comme l'exercice du droit de propriété, il n'y avait aucune difficulté à en étendre l'idée à l'exercice d'autres droits, tels que les démembrements de la propriété. La différence dans le langage, dans cette deuxième manière de considérer la possession, ne repose sur aucune différence dans les choses : car il est bien certain que le droit de propriété est par lui-même, et comme tous les autres droits, une chose incorporelle, une pure abstraction, aussi peut-on dire que cette différence dans les termes repose sur des apparences plutôt que sur la réalité.

Toutefois l'extension dont nous parlons, et qui paraît si logique, le point de départ une fois donné, se heurte à des difficultés, à des impossibilités qui résultent de la nature même de la possession. La possession se manifeste par des actes matériels; or parmi les servitudes, il s'en trouve qui ne sont susceptibles d'aucune manifestation matérielle, palpable, continue. Il y aurait eu lieu d'introduire des distinctions suivant la qualité des servitudes;

on n'en fit rien; et comme le dit très-bien M. Maynz (*Cours de droit romain* § 221. T. I. p. 711), les Romains tombèrent par un excès de généralisation dans deux extrêmes également erronés. L'usucapion, qui est l'application de l'idée de possession, fut écartée pour toutes les servitudes; — et, d'autre part, l'on chercha à appliquer à toutes les servitudes, sans distinguer, les autres effets de la possession.

Le secours des interdits possessoires fut accordé à ceux qui exerçaient un droit de servitude. Ce secours fut accordé d'une manière générale pour les servitudes personnelles, les interdits *uti possidetis* et *unde vi* furent donnés pour la possession de l'usufruitier; et, dans le dernier état du droit, les interdits *retinendæ et recuperandæ possessionis* furent donnés pour protéger la possession de toutes les servitudes personnelles, sans même qu'ils fussent qualifiés d'utiles.

Mais pour les servitudes réelles, il s'est élevé toute une série de controverses, à raison de l'insuffisance des sources.

Remarquons, tout d'abord, qu'il ne peut être question, en cette matière, de l'interdit *unde vi*. L'exercice d'une servitude réelle, ne consistant en effet qu'en des actes positifs isolés, ou dans la jouissance d'un certain état des choses résultant d'actes modificatifs de l'étendue du droit de propriété, ou encore dans la jouissance d'un certain état des choses qui ne peut être modifié, l'on conçoit qu'il ne puisse jamais y avoir d'éviction portant sur le droit de servitude seul. Toute *dejectio juris* étant impossible, l'interdit *unde vi* se trouve écarté, comme le dit Molitor (*La possession, la revendication*, etc... p. 483 et S.) par la nature même des choses.

Tout le monde est d'accord sur ce point.

Remarquons encore, qu'à partir d'une certaine époque, les servitudes rurales ont été protégées par des interdits spéciaux. Ces interdits présentent ce caractère commun, qu'il faut pour être admis à les invoquer, justifier d'une possession d'une durée déterminée, un an, ordinairement, et quelquefois trente jours seulement. Les servitudes rurales étant par leur nature discontinues, il ne suffisait point de les exercer une fois seulement pour s'en prétendre possesseur.

Ce second point n'est pas contesté.

Toute la question se restreint donc à savoir si l'interdit *uti possidetis* peut être employé pour obtenir qu'on soit maintenu dans l'exercice d'une servitude prédiale, quelle qu'elle soit, sans qu'il y ait lieu de distinguer suivant sa nature et la classe dans laquelle elle doit être rangée.

Passons rapidement en revue les diverses solutions proposées.

L'on admet dans une première opinion, qu'à partir d'une certaine époque, toutes les servitudes prédiales, sans distinction, furent protégées par l'interdit *uti possidetis*. Les interdits spéciaux furent employés comme la généralisation de l'interdit *uti possidetis*, qui finit par fonctionner seul dans tous les cas.

D'après une deuxième opinion, les servitudes urbaines seules auraient été protégées par l'interdit *uti possidetis* : les interdits spéciaux auraient été réservés aux servitudes rurales. Cette différence s'explique par le caractère de discontinuité qui se retrouve dans les servitudes rurales, caractère qui aurait exigé la création de moyens tous spéciaux de protection.

Une troisième opinion, enseignée par M. de Savigny, *Traité de la possession*, § 46, donne une solution semblable, mais autrement motivée. D'après M. de Savigny, les servitudes urbaines se confondent avec le fonds dominant, et en font partie intégrante. Le trouble apporté à la servitude, est en même temps un trouble apporté à la possession du fonds lui-même. De là, pour cette classe de servitudes, l'admission de l'interdit *uti possidetis*. Mais pour les servitudes rurales qui sont indépendantes de la possession du fonds dominant, et qui supposent le fait de l'homme, on devait organiser des moyens particuliers.

Une quatrième opinion distingue les servitudes rurales des servitudes urbaines. Ces dernières seules sont protégées par l'interdit *uti possidetis* : mais elles ne le sont pas toutes, et il faut admettre une sous distinction, suivant que ces servitudes sont positives ou négatives. Les positives seules seraient susceptibles d'être protégées par l'interdit *uti possidetis;* les négatives ne sont point susceptibles de possession, ou, tout au moins, leur possession n'est pas garantie. En cas pareil, le seul moyen ouvert pour repousser le trouble est l'*operis novi nunciatio.* La *prohibitio* n'est point admise.

Enfin, dans une cinquième opinion, l'on enseigne qu'aucune survitude n'est protégée par l'interdit *uti possidetis.* Le motif en serait que la possession n'est d'aucune utilité en matière de servitudes, puisque la possession ne donnerait point le rôle de défendeur à celui au profit duquel elle serait reconnue, et ne le dispenserait pas d'avoir à recourir aux moyens pétitoires.

Ce n'est point ici le lieu d'entrer dans la discussion de ces divers systèmes, que nous n'avons retracés que très-sommairement. Disons seulement, en passant, que la paisible possession d'un immeuble peut se trouver aussi bien compromise par la réclamation de celui qui invoque un droit de servitude prédiale, que par la réclamation de celui qui prétend à la possession de l'immeuble tout entier. Sans doute, le trouble n'est pas aussi étendu, mais il n'en est pas moins existant. Et ce trouble peut provenir aussi bien de la prétention à une servitude positive que de la prétention à une servitude négative.

L'une et l'autre de ces deux servitudes nous paraît être susceptible d'un débat au possessoire. L'abstention du propriétaire du fonds grevé d'une servitude négative, du moment qu'elle n'est point purement volontaire, et qu'elle s'est continuée d'une manière obligatoire, en vertu d'un droit invoqué, cette abstention, disons-nous, paraît bien constituer un état de fait susceptible d'être protégé pour lui seul, quelle que soit d'ailleurs la décision qui pourrait intervenir sur le fond, pour savoir si le droit invoqué a été régulièrement constitué. Nous trouvons dans ce cas la matière d'un débat au possessoire, puisque quelqu'un se trouve empêché de jouir à son gré de sa chose. Le remède sera alors l'interdit *uti possidetis*, modifié, transformé, rendu en un mot applicable à ces cas spéciaux en vue desquels il n'avait pas été créé. La tendance romaine a toujours été d'élargir autant que possible la sphère d'application de l'interdit *uti possidetis*, n'est-ce point là d'ailleurs ce que nous enseigne Ulpien, qui rapportant un cas de débat au possessoire, à l'occasion d'une servitude, conclut par cette observation générale : « Sed et interdictum uti possidetis poterit « locum habere, si quis prohibeatur, qualiter velit « suo uti. » (L. 8, § 5, *Si servitus vindic.* V. M. Machelard. *Théorie des interdits*, p. 209 et s.)

Revenons maintenant au précaire, en matière de servitudes.

D'abord, et c'est là un point incontestable, le *precarium* fournit une exception. Dans les interdits spéciaux relatifs aux servitudes, aussi bien que dans l'interdit *uti possidetis*, le réclamant qui possède et *qui cum rogato interdicit*, verra sa demande énervée par le défendeur qui se prévaudra de l'inefficacité de la possession par lui transmise. Ulpien, parlant de l'interdit *uti possidetis*, s'exprime ainsi : « Per« petuo huic interdicto insunt hæc, quod nec vi, « nec clam, nec precario ab illo possides.... Has enim « possessiones non debere proficere palam est. » (L. 1, § 5, § 9, *uti possidetis.*)

Ce sont là des exceptions, tirées de la nature même de la possession viciée, invoquée à tort comme utile.

Mais le *precarium* est garanti par un interdit tout particulier ; — cet interdit peut-il être employé pour opérer le retrait d'une servitude concédée à titre précaire ?

La seule mention du précaire fournissant une exception dans les interdits relatifs aux servitudes, suffirait à nous montrer que les concessions de cette sorte se produisaient fréquemment. Elles nous sont en outre attestées par des textes positifs. « Veluti si « me precario rogaveris ut per fundum meum ire « vel agere tibi liceat, vel ut in tectum vel in aream « ædium mearum stillicidium vel tignum in parie« tem immissum habeas. » (L. 3. h. t.)

Ulpien, examinant si l'exception tirée du précaire peut être opposée à l'interdit *de Itinere*, nous dit encore :

« Si tibi fundum precario concessero cui via de« bebatur, deinde tu a domino fundi precario roga« veris ut ea via ad eum fundum utaris, an noceat « tibi exceptio.... etc.... » (L. 1. § 11. *De Itinere actuque privato*).

Dans ces deux textes nous voyons une servitude, ou tout au moins l'équivalent d'une servitude, constituée à titre précaire, sur la demande même, sur la *rogatio* faite par le précariste. C'est le concédant qui sur la prière du *rogans* grève son fonds d'une charge au profit de ce dernier.

Supposons maintenant que le concédant veuille révoquer la permission qu'il a accordée. Quels moyens lui seront ouverts?

Dans le second des deux derniers textes cités, Ulpien suppose que l'ayant droit à la servitude *viæ* veut intenter une instance pour se faire maintenir en possession du droit concédé; et il se demande si l'exception tirée du *precarium* pourra être opposée au réclamant. L'interdit qui compète à celui qui veut se faire maintenir dans la possession de la servitude, est et ne peut être que l'interdit *de Itinere*. Mais intervertissons les rôles, et supposons que le concédant veuille abolir la servitude par lui accordée. Devra-t-il recourir à l'interdit *de precario* ou à l'interdit *uti possidetis*?

Suivant M. de Savigny, *Traité de la possession*, § 46, l'interdit *de precario* serait tout au moins superflu; car celui qui donne à un autre à titre précaire la permission de passer sur son fonds, et veut ensuite lui retirer cette autorisation, peut se servir à cette fin de l'interdit *uti possidetis*. Et voici, d'après le même auteur, comment se régleraient les rapports entre les parties. Le propriétaire a comme possesseur l'interdit *uti possidetis*. Si le défendeur est en possession de la servitude, il invoquera l'interdit *de Itinere* à titre d'exception. Mais comme la possession de la servitude se fonde sur un *precarium*, le demandeur pourra l'admettre en fait, et énerver néanmoins l'exception au moyen d'une réplique.

D'après M. de Savigny encore, l'inutilité, la superfluité de l'interdit *de precario* ne serait pas dans notre hypothèse le seul motif qui devrait le faire rejeter. Et en effet, dit-il, le *habere precario* se conçoit pour chaque *jus in re*, et notamment pour les servitudes de cette première classe (qui supposent un fait personnel et indépendant). Mais il n'en est pas ainsi du *restituere precarium*, seul objet de l'interdit (L. 2. pr. *de precario*). L'interdit par ses termes mêmes ne suppose que la restitution d'une chose remise à un autre, ce qui ne répond nullement à notre cas. *Tr. de la possession*, § 46, p. 458. N. I. Trad. Stœdtler.)

Quoi qu'il en soit de ce dernier argument, voici un texte que M. de Savigny a eu l'occasion de citer, et qui semble fournir un argument en faveur de la doctrine contraire. Papinien s'exprime ainsi :

« Si precario vicinus in tuo maceriam duxerit, in-
« terdicto quod precario habet, agi non poterit, nec
« maceria posita donatio servitutis perfecta intelli-
« tur ; nec utiliter intendetur, jus sibi, esse, invito
« te ædificatum habere quum ædificium soli condi-
« tionem secutum inutilem faciat intentionem.

« Ceterum si in suo maceriam precario qui servitu-
« tem tibi debuit, duxerit, neque libertas usuca-
« pietur, et interdicto, quod precario habet, utiliter
« cum eo agetur. Quod si donationis causa permise-
« ris, et interdicto agere non poteris, et servitus
« donatione tollitur. » (L. 17. *Communia prædiorum.*)

Deux personnes possèdent chacune un fonds de terre. L'une des deux a fait, en vertu d'une concession à titre précaire une construction, elle a élevé un mur sur le fonds de son voisin. Le jurisconsulte décide d'abord, que, la construction une fois terminée, on ne saurait voir là une donation ayant pour objet un droit de servitude; « nec maceria posita donatio servitutis perfecta intelligitur. » Et de plus, le propriétaire du fonds sur lequel la construction a été élevée, ne pourra agir, pour faire supprimer cette construction, par l'interdit *de precario*. La raison en est que le bâtiment ne peut être possédé sans le sol sur lequel il est établi : or le sol est précisément possédé par le propriétaire qui voudrait intenter l'interdit : il possède donc aussi le bâtiment, et ne peut, en conséquence, réclamer à son adversaire une possession que n'a pas ce dernier. C'est d'ailleurs ce que nous dit Papinien. « Nec utiliter intendetur, jus sibi esse, invito te ædi-
« ficatum habere, quum ædificium soli conditionem
« secutum inutilem faciat intentionem. »

Puis le jurisconsulte renverse l'hypohèse qu'il avait proposé tout d'abord. Il suppose, dans la deuxième partie du texte, qu'un propriétaire a élevé une construction, il a établi une muraille sur son propre fonds; mais ce fonds était grevé d'une servitude au profit du fonds voisin, et comme la construction contredit à la servitude, le constructeur n'a pu s'établir qu'en vertu d'une concession à titre précaire, accordée par le propriétaire du fond dominant.

Ce dernier veut retirer l'autorisation qu'il a donnée, et obtenir la suppression des travaux dont il avait toléré l'établissement. Le pourra-t-il? Oui, dit le jurisconsulte, s'il n'y a pas eu usucapion de la liberté du fonds servant par le propriétaire constructeur; oui, si la permission n'a pas été accordée d'une manière irrévocable comme pour faire une donation; auquel cas la servitude se trouverait supprimée, et le fonds servant affranchi par l'effet de la donation. *Servitus donatione tollitur.*

Mais si rien de tout cela ne s'est produit, le propriétaire du fonds dominant pourra révoquer son autorisation, « *et interdicto, quod precario habet, utiliter cum eo agetur.* »

C'est bien évidemment de *l'interdit de precario* qu'il s'agit ici. Mais dira-t-on, s'il s'agit dans le texte de Papinien de l'interdit *de precario*, il ne s'agit aucunement de servitude; bien au contraire il s'agit de la permission donné par le propriétaire du fonds dominant d'établir une construction contraire à l'état des choses résultant de l'existence de la servitude; Il ne s'agit pas d'une servitude concédé à titre précaire, puis retirée par le moyen de l'interdit *de precario*; il s'agit d'un obstacle apporté à une servitude avec le consentement du propriétaire du fonds dominant, obstacle dont on obtiendra la suppression par le moyen de l'interdit.

Rien de plus vrai : mais il faut remarquer cependant que l'opération rapportée au texte de Papinien, s'écarte très peu par sa nature et ses effets d'une opération ayant pour objet d'établir et de supprimer un droit de servitude.

Considérons en effet le fonds dominant tel qu'il se comporte. C'est un composé d'un droit de propriété principal, et d'une extension anormale, exceptionnelle de ce droit de propriété, c'est-à-dire d'un droit actif de servitude. Mais ce composé forme un tout : il constitue le fonds, le fonds dominant, tel qu'il se comporte. Si l'on en retranche cette partie supplémentaire, exceptionnelle, le droit de servitude, ne sera-t-il point diminué comme le serait un fonds libre que l'on grèverait d'un droit passif de servitude ? L'entreprise tentée contre le droit de servitude existant pour le supprimer, n'était-elle point comparable à l'entreprise qui l'on tenterait sur un fond libre pour le grever d'une servitude dont il n'était point frappé ?

Si, comme le veut M. de Savigny, l'interdit de *preccario* par ses termes mêmes, *restituere*, suppose nécessairement une remise matérielle, ne faudrait-il pas le déclarer in'applicable dans le cas rapporté par Papinien, qui ne fait cependant aucune difficulté à en admettre l'emploi. Dans l'hypothèse prévue par le texte cité, pas plus que dans le cas de retrait d'une servitude, il n'est possible d'arriver à une restitution matérielle. On rétablit les lieux dans leur état primitif, dans leur état juridique, dans leur état de liberté respective, ou dans leur position exceptionnellement étendue ou diminuée par un droit à une servitude prédiale.

Nous avons dit déjà que dans le *precarium* le transfert de la possession était la règle, que le transfert de la simple détention était l'exception ; et que la formule même de l'Interdit se prêtait parfaitement à ces divers cas.

Le motif pour lequel la translation de la possession est ici la règle, c'est que cette translation ne cause aucun tort au propriétaire, *rogatus*; son usucapion se continue en effet par l'*accessio possessionis*: et il a un interdit spécial *recuperandæ possessionis* pour recouvrer la possession.

Quand au second cas, dans lequel le *rogatus* ne remet que la simple détention, il nous est attesté par plusieurs textes, entres autres par le suivant :

« *Si quis ante conduxit, postea precario rogavit,*
« *videbitur discessisse a conductionne.... Idem Pom-*
« *ponius bellissimè templat dicere, numquid qui*
« *conduxerit quidem prædium, precario autem*
« *rogavit, non ut possideret, sed ut in possessione*
« *esset?.... Quod si factum est, utrumque procedit.* »
(L. 10. pr. § 1. *De Possessione.*)

L'utilité d'une semblable convention est facile à saisir. Il suffit de supposer que la possession juridique appartienne à une autre personne que le *rogatus*. Si le *precarium* eût entraîné nécessairement le transfert de la possesion, le *rogatus* en pareil cas n'aurait pu faire de concession à précaire. Il le pourra au contraire, puisqu'on lui accorde la faculté de ne transférer que la simple détention.

Prenons pour exemple le contrat de gage. Le débiteur demande *precario* la restitution de la chose engagée :

Le créanciers gagiste pourra, à son choix, transférer à son débiteur, le propriétaire même de la chose, soit la possession elle-même qu'il pourra recouvrer dès qu'il lui plaira, soit la seule détention, auquel cas le créancier conservera l'usage de tous les interdits possessoires.

« C'est même ce qu'on présume, dit M. de « Savigny, à cause du but même du contrat de gage. » L, 33,56. *Des usurp.* ; V, m. de Savigny. *Possession* § 25, *in fine*.

Revenons à ce qui se passe le plus ordinairement en matière de *precarium*, au transfert de la possession juridique au concessionaire, et examinons quelle est la nature de cette possession et comment elle ne peut avoir d'effet à l'encontre de concédant.

L'examen de cette question se lie à l'examen d'une question beaucoup plus générale, sur laquelle les Jurisconsultes romains eux même étaient loin d'être d'accord, à savoir, s'il n'existe pas d'exception à cette règle que toute possession est exclusive, si plusieurs personnes peuvent posséder, chacune pour le tout, une seule et même chose. (*Possessio plurium in solidum*).

Quelques mots à ce sujet.

La possession est tout à la fois et un fait et un droit. Si on la considère seulement comme un fait, comme le pouvoir physique de disposer d'une chose, il est évident que la possession, ce pouvoir physique, s'étendant à la chose possédée tout entière ne peut appartenir en même temps ce plusieurs personne. C'est là une impossibilité matérielle. C'est ce que Paul exprime très-énergiquement quand il dit :

« Plures eandem rem in solidum possidere non « possunt. Contra naturam quippe est, cum ego « aliquid teneam, tu quoque id tenere videaris. » (L. 3, § 5, *De acquir. vel amitt. poss.*)

Et plus loin :

« ... Non magis... eadem possessio apud duos « esse potest, quam ut tu stare videaris in eo loco, « in quo ego sto : vel in quo ego sedeo, tu sedere « videaris. »

Mais la possession est aussi un droit, et en la considérant ainsi, l'on a dû rechercher si elle ne pouvait appartenir en même temps à plusieurs.

« Sabinus tamen scribit, eum qui precario de« derit, et ipsum possidere, et eum qui precario ac« ceperit. Idem Trebatius probabat, existimans, « posse, alium juste alium injuste possidere : Duos

« injuste, vel duos iuste non posse. Quem Labeo
« reprehendit ; quoniam in summa possessionis,
« non multum interest juste quis an injuste pos-
« sideat, quod est verius. (L. 3, § 5, *De acq. vel*
« *amott. poss.* »

Comme on le voit par le texte de Paul, une controverse avait été soulevée entre les jurisconsultes romains. D'une part, Labéon, Celse, Ulpien, Paul enseignent qu'un concours de possessions est chose impossible par ce motif que la possession juridique se fonde soit sur une détention physique, auquel cas tout concours est matériellement impossible, soit sur une fiction de cette détention, et alors la fiction n'étant que la reproduction de la réalité, tout concours est également inadmissible.

D'autre part, au contraire, Sabinus faisait une exception à la règle *Plures eamden rem....*, dans l'hypothèse d'un *precarium*. Il ne distinguait pas si la possession est juste ou injuste.

Trebatius admettait l'opinion de Sabinus : mais suivant lui, deux possessions *justæ* ou deux possessions *injustæ* ne peuvent concourir. Pour que le concours soit possible, il faut d'une part une *possessio justa*, de l'autre, une *possessio injusta*.

Suivant M. de Savigny (*Possession*, § 11), l'opinion des premiers juriconsultes avait prévalu, et ce serait par inadvertance des compilateurs des Pandectes, que nous retrouverions à notre titre le texte suivant de Pomponius :

« Eum qui precario rogaverit, ut sibi possidere

« liceat, nancisci possessionem non est dubium. An « is quoque possideat qui rogatus sit, dubitatum « est; placet autem penes utrumque esse eum ho- « minem, qui precario datus esset, penes eum « qui rogasset, quia possederat corpore, penes « dominum, quia non discesserit animo pos- « sessionne. (L. 15, § 4; L. 8.) » Quoi qu'il en soit, que l'opinion de Pomponius ait été rapportée par erreur, ou que dans l'hypothèse spéciale d'un *precarium*, elle ait été admise, et par ce motif insérée dans le corps des Pandectes, il n'en est pas moins vrai que les rapports du *rogatus* et du *rogans* quant à la possession, ont été à Rome le sujet de délicates controverses, justifiées par la nature toute particulière de la possession du précariste.

Le précariste a en son pouvoir la chose qui lui a été remise. *Possidet corpore*, comme le dit Pomponius. Mais son *animus* n'est point absolu, car il reconnaît sur la chose même qu'il détient, le droit prédominant de son bienfaiteur. La possession du précariste, encore plus que la possession du créancier gagiste, constitue donc au premier chef une anomalie dans la théorie de la possession.

Quant au concédant, a-t-il perdu toute possession? Telle est la question que se pose Pomponius et il la résout en disant que la possession subsiste encore au profit du *rogatus* « quia non discesserit « animo possessione. »

Cette assertion est-elle bien exacte, et peut-elle se maintenir en présence de ce fait qu'un interdit *recu-*

perandæ possessionis est accordé par le préteur au concédant, pour recouvrer la possession qu'il a aliénée? Il doit paraître difficile de résoudre une semblable question, alors que nous voyons sur ce point une dissidence profonde entre les jurisconsultes romains. Il nous paraît également très-difficile de taxer d'hérésie comme le fait M. Maynz, l'opinion de Trebatius, de Sabinus, de Pomponius.

Cette distinction d'une possession *justa* et d'une possession *injusta*, et le concours de ces possessions dans le *precarium* qu'il ait été admis ou rejeté, offre à l'esprit une idée parfaitement acceptable.

Que le *rogans* possède, — aucun doute à ce sujet : les textes sont formels; mais qu'il possède *justè* tant qu'il ne se refuse pas à la restitution promise, voilà qui peut sembler au moins contestable. Comment dire qu'une possession est *justa* alors qu'elle est affectée d'un vice tel, qu'elle est en tout et pour tout absolument inefficace à l'encontre d'une certaine personne? — Comment dire que cette possession est *justa* alors qu'elle n'est exercée de l'aveu du possesseur lui-même qu'avec une réserve, un amoindrissement de la volonté, alors que la volonté est la condition fondamentale de la possession absolument efficace?

Et d'autre part, comment dénier toute possession au concédant qui a imposé au concessionnaire cette réserve, qui a enlevé à la possession qu'il transférait, tout effet qui eût pu lui être opposable ou nuisible?

Si la possession n'eut jamais été qu'un simple fait, la théorie de Pomponius eût été inacceptable. Mais la possession a été aussi considéré comme un droit, et les droits en général sont susceptibles de jouissance et d'exercice.

Comme le dit M. Machelard : « En droit, c'est le concédant qui possède, et il est fondé à recouvrer la possession qu'il n'a pas en fait » (*Théorie des interdits*, p. 271).

Le précariste qui en fait possède, possède de bonne foi, en vertu d'une autorisation du concédant : Il acquiert les fruits qu'il perçoit, il les fait siens et n'a point à en rendre compte au *rogatus* lors de la révocation.

Mais quel est exactement le moment où les fruits sont acquis au precariste?

Le propriétaire acquiert les fruits au moment même où ils sont produits; il les acquier par l'accession (*fructus rei frugiferæ pars est*). La séparation, comme le dit M. de Sagigny. (V. sur cette matière M. de Savigny, § 22, *Traité de la possession*), n'a pour effet que de constituer aux produits de la chose frugifère une individualité propre, et de permettre que le droit porte sur eux d'une manière distincte; mais cela n'a aucune importance quant à la question même de propriété. Avant la séparation, le droit portait sur une chose composée, sur la chose principale et sur les fractions : après la séparation, le droit porte distinctement sur la chose principale, et sur les fruits devenus, eux aussi, choses principales.

Pour ceux, au contraire, qui reconnaissent un droit sur lequel ils fondent leur droit, le fermier, l'usufruitier, par exemple, ils acquièrent les fruits par la perception, en prenant possession. Il faut, en ce cas, une acquisition particulière.

Comme le dit encore M. de Savigny, « dans les « actes constitutifs des droits de ces diverses person- « nes se trouvent renfermés soit *la justa causa domi- « nii quærendi*, soit l'autorisation d'en prendre pos- « session ; et dès lors, l'appréhension équivaut à « une véritable tradition dans laquelle la proprieté « des faits leur est transférée par le propriétaire « de la chose principale. »

Pour le possesseur de bonne foi, la règle est la même que pour le propriétaire : l'acquisition des fruits a lieu lors de leur séparation : Toutefois il y à une différence entre le possesseur de bonne foi et le vrai propriétaire ; le droit du propriétaire sur la chose principale et sur les fruits est toujours le même, avant comme après la séparation ; tout au contraire, le possesseur de bonne foi, dès que la séparation se produit, a une possession nouvelle ; la distinction a de l'importance en ce qui concerne l'usucapion dans les rapports avec la *bonæ fidei possessio*, — en ce qui concerne les exceptions relatives à l'usucapion et à la possession de bonne foi.

Pour l'emphythéote, pour le fermier d'un âge

vectigalis, l'acquisition se fait d'après les règles suivant lesquelles l'acquisition se produit au profit du fermier ordinaire ou de l'usufruitier.

Ils acquièrent par tradition: mais comme ils ont la possession juridique de la chose frugifère, la tradition se place non point au moment de la perception, mais bien à celui de la séparation.

C'est évidemment d'après les mêmes règles, et au même moment, que le précariste doit acquérir les fruits. Il en serait de même du créancier gagiste auquel, en vertu d'un antichrèse, on aurait abandonné les fruits de l'immeuble.

La chose concédée doit être restituée au concédant dès qu'il révoque sa libéralité. Si le concédant éprouve une résistance, un refus de restitution, quels moyens lui sont ouverts pour faire valoir son droit?

Dans l'ancienne Jurisprudence romaine, *le rogatus* pouvait sans faire examiner sa cause par le magistrat, et pourvu qu'il n'employât point les armes, se remettre lui-même en possession, par la violence, en expulsant le précariste. Mais dès avant Justinien toute violence fût sévèrement prohibée; et, à partir de la Constitution de Valentinien, l'on encourut même la déchéance du droit de propriété pour avoir voulu se faire justice à soi même. (Gaius, IV, 154 Paul *Sent.* V. t. 6. § 7 V. aussi la *Lex agraria (Thoria)*. C. VII.)

A part ce moyen expéditif, qui paraît n'avoir été admis que dans des temps très-reculés, le *rogatus* se trouvait sans ressource spéciale. Il devait recourir aux moyens pétitoires, à la Revendication, à la Publicienne, et pour les servitudes, aux actions confessoires et négatoires.

Puis un premier progrès se réalise : l'on accorde au *rogatus* d'engager le débat au possessoire : comme le dit M. Machelard (*Théorie des interdits*, p. 278), les interdits *retinendæ possessionis* durent lui être accordés. Dans l'interdit *uti possidetis*, dans l'interdit *utrubi*, il n'était point nécessaire que la possession fût actuelle pourvu toutefois que la possession de l'adversaire fût vicieuse à l'égard de l'autre partie.

« Qui precario fundum possidet, dit Pomponius, « is interdicto uti possidetis adversus omnes, præ- « ter eum quem rogavit uti potest. (L. 17, *h. t.*)

Peu à peu, le vice de la possession qui ne donnait naissance qu'à une exception, devint le fondement d'une action particulière : l'on créa, au profit du concédant, un interdit spécial.

De même que la possession violente donne naissance à l'interdit *unde vi*, de même que la possession clandestine a donné naissance à l'interdit *de clandestina possessione;* de même la possession précaire est le fondement de l'interdit *de precario*. Les mêmes motifs se présentent pour la création de ces trois interdits; les exceptions n'offraient qu'un faible secours : les interdits, actions principales établies sur les mêmes fondements que les exceptions, offrent un moyen plus sûr et plus énergique.

L'utilité frappante de l'interdit *de precario* consiste en ce qu'il n'est plus nécessaire que l'adversaire soit encore en possession. Il ne s'agit plus de maintenir en possession l'un des deux plaideurs : Le procès se termine par un ordre de restituer, et si le précariste s'est mis par fraude dans l'impossibilité d'exécuter cette restitution, il n'en reste pas moins sous le coup de l'interdit *de precario*. Et en semblables circonstances les interdits *retinendæ possessionis* eussent été absolument inutiles.

Quelques auteurs (Puchta. *C. des inst.*, t. II, § 225. De Vangerow, § 691), cherchent un autre avantage dans l'interdit *de precario*, résultant de ce qu'il était donné *post annum*, alors que l'interdit *uti possidetis*, que l'interdit *utrubi* n'étaient accordés que *intra annum*. Selon M. Machelard (*Théorie des interdits*, p. 279), ce serait là une solution inacceptable, car la limite d'une année dans l'interdit *uti possidetis* n'est relative qu'à l'estimation des dommages-intérêts.

Comme nous l'avons dit déjà, un progrès nouveau se réalisa : le *precarium*, en prenant place parmi les contrats innommés, se trouva garanti par l'action *præscriptis verbis*.

L'Ecole Sabinienne qui s'opposait à l'introduction de l'action *præscriptis verbis*, avait fait elle-même un progrès. A côté de la voie prétorienne, de l'interdit *de precario*, elle admettait au profit du *rogatus* une action civile ; se conformant en cela à ses théories, elle étendait à notre cas la forme condictice. C'est ce que l'on doit inférer de la Loi 19, § 2, *h. t.*

« Quum quid precario rogatum est, non solum « interdicto uti possumus, sed ex incerti condic- » tione, id est præscriptis verbis. »

Ce fragment est de Julien. A le prendre tel qu'il vient d'être rapporté, l'on en devrait conclure qu'à l'époque ou écrivait Julien, Proculien et Sabinien se seraient montrés d'accord pour admettre au profit du *rogatus* l'action *præscriptis verbis*. Cette solution doit être rejetée : Elle est en opposition absolue avec l'histoire des doctrines Sabinienne et Proculéienne. Julien est antérieur à Gaïus : tous deux appartiennent à l'Ecole Sabinienne, et Gaïus repousse en notre hypothèse du précaire l'admission de l'action *præscriptis verbis*. Et, en outre, nous avons des preuves décisives que Julien n'avait point abandonné les opinions de l'École à laquelle il appartenait.

En conséquence il faut retrancher dans la loi 19 ces mots : *Id est præscriptis verbis*, qui ont été évidemment ajoutés après coup, et maladroitement.

Cette suppression rend au texte son véritable sens, et montre, comme nous l'avons dit, que les Sabiniens admettaient dans le cas d'un *precarium* une action civile; cette action était la *condictio*, qui s'étendait peu à peu à toutes les hypothèses dans lesquelles on se trouvait en présence d'un enrichissement *sine causâ* ou d'un enrichissement dont la *causa* était *finita*.

C'est ce qui arrivait dans le précaire lorsque le concessionnaire se refusait à la restitution. Aussi Julien accorde-t-il la *condictio ;* l'action est fondée alors non point comme l'action *præscriptis verbis* sur un contrat, mais bien sur un quasi-contrat.

Revenons à l'interdit *de precario :*

En principe, avons-nous dit, il ne concernait que des immeubles : bientôt il fût étendu aux meubles : cette extension était faite au temps des jurisconsultes classiques.

L'interdit est dirigé contre celui qui détient ou possède par l'effet du *precarium*, et peu importe d'ailleurs que le détenteur ou possesseur à precaire ait fait lui-même la *rogatio*, ou qu'une autre personne l'ait faite pour lui.

Malgré une *rogatio* formelle; et une prise de possesion de la part du *rogans*, il n'y a point de *precarium* si la chose concédée se trouve appartenir *au rogans*.

« Si rem meam precario rogavero, rogavi qui-
» dem precario, sed non habeo precario, ideirco
» quia receptum est, rei suæ precarium non esse. »
(L. 4, § 3, *l. t.*

Telle est la règle, on ne peut recevoir sa propre chose à titre précaire. Mais à côté de la règle nous trouvons une exception d'une importance capitale, d'un usage fréquent, dans l'hypothèse d'un pignus.

Quæsitum est, nous dit Ulpien, si quis rem suam
« mihi pignori dederit, et precario rogaverit, an
« hoc interdictum locum habeat : quæstio in eo

« est, ut précarium rei suæ consistere possit. Mihi « videtur verius, precarium consistere in pignore, « quum possessionis rogetur, non proprietatis. Et « est hæc sententia etiam utilissima; quotidie « enim precario rogantur creditores ab his, qui « pignori dederunt: et debet consistere preca- « rium. » (L. 6, § 5, h. t.)

Ainsi par derogation à la règle générale, qu'on ne peut recevoir sa propre chose à titre précaire, on admet que le propriétaire peut recevoir au contraire *rem suam precario* lorsqu'il s'est opéré un démembrement dans son droit, et que le *jus possessionis* a été distrait au profit d'un tiers. *Precarium possessionis, non proprietatis.*

L'interdit de *precario* peut donc être intenté contre le *dominus.*

L'interdit compète à celui qui a fait la concession, à celui à qui la *rogatio* a été adressé. Peu importe que cette personne soit ou ne soit pas le *dominus* de la chose concédée. C'est d'ailleurs ce qui résulte des termes même de la formule : *Quod ab illo precario habes.*

Voici un texte d'Ulpien où ces propositions se trouvent développées :

« Quæsitum est si Titius me rogaverit, ut re Sem- « pronii utatur, deinde ego Sempronium roga- « vero ut concederet, et ille dum mihi vult præ- « stitum, concesserit; Titius a me habet precario, « et ego cum eo agam interdicto de precario; Sem- « pronius autem non aget cum eo, quia hæc verba :

« ab illo precario habes, ostendunt ei demum competere interdictum, a quo qui precario rogavit, « non cujus res est. » (L. 8, pr. h. t.)

Sempronius, le *dominus*, ne pourra intenter l'interdit contre le concessionnaire Titius, avec lequel il n'a aucun rapport, auquel le bénéfice du *precarium* n'est parvenu que par l'intervention d'une tierce personne.

Le jurisconsulte continue : « An tamen Sempronius mecum, quasi a me rogatus, interdictum habeat? Et magis est ne habeat, quia non « habeo precario quum non mihi, sed alii impetravi; mandati tamen actionem potest adversus « me habere, quia me mandante tibi dedit; aut si « quis dixerit, non mandatu meo, sed magis mihi « credentem hoc fecisse, dicendum, in factum dandam actionem et adversus me. »

L'interdit ne pourroit point être intenté contre moi qui ai fait la *rogatio* dans l'intérêt de Titius, *non habeo precario*. Toutefois, comme l'on peut voir dans toute cette operation un mandat dans l'intérêt d'un tiers, Sempronius pourra agir contre moi par l'action *mandati*. Si l'on conteste qu'il y ait mandat, Sempronius aura tout au moins une action *in factum*. Sur cette action dirigée contre moi, j'intenterai alors l'interdit contre Titius le bénéficiaire.

L'interdit compète donc à celui-ci à qui la *rogatio* a été adressée, et par le fait duquel la concession a été obtenue. Il n'est besoin pour avoir le droit d'intenter l'interdit, ni d'être *dominus*, ni d'être possesseur.

L'interdit a pour objet la restitution de la chose; *i lilli restituas*. Suivant M. de Savigny, il ne pourrait s'agir que d'une restitution matérielle. Si le *habere precario* se conçoit pour chaque *jus in re*, dit-il, il n'en est point ainsi du *restituere precarium*. *Possession*, 46. Nous pensons que le sens du mot *restituere*, que l'on trouve employé dans les acceptation les plus diverses, n'était point aussi exactement limitée; et que la restitution pouvait s'entendre aussi bien d'une *res possessa* que d'un *jus possessum*.

Le précariste, actionné par l'interdit, doit restituer ce qu'il possède ou détient par l'effet du *precarium*. Si le précariste ne possède ou ne détient plus la chose concédée, il ne sera responsable que de son dol ou de sa faute *dolo proxima*. La formule était ainsi conçue : « Quod precario habes, au dolo malo festi ut desineres habere. » (L. 2; p 2. *L. t.*)

« Et generaliter erit dicendum, in restitutionem venire dolum et culpam latam duntaxat caetera non venire ». (L. 8, § 6. *L. t.*)

Faisant l'application de ce principe, Ulpien décide que le précariste qui a laissé perdre par non usage un droit de servitude, doit être tenu d'interdit; c'est là en effet une faute *dolo proxima*.

« Si servitute usus non fuit is, qui precario rogavit ac per hoc amissa sit et videamus an interdicto teneatur : ego arbitror, non alias, quam si dolo fecerit. » (L. 8. p. 6 *l. l.*)

Nous voyons ici le precariste tenu de l'interdit à raison d'une perte occasionné par sa faute lourde : Cette faute *in restitutionem venit*. De là à admettre la possibilité de l'interdit pour la restitution d'un *jus prædii*, seul, il n'y a qu'une faible distance. Et nous trouvons que le texte peut être invoqué contre la doctrine de M. de Savigny, que nous rappelions précédemment.

Si donc, comme le dit M. Machelard (*Théorie des interdits* p. 279). « le précariste a disposé de la chose dont il était comptable, et s'est mis ainsi frauduleusement dans l'impossibilité de restituer en nature, ou s'il l'a perdue parune négligence grossière, il n'échappera pas à l'interdit de *precario*, là ou un simple interdit *retinendæ possessionis* n'aurait pas eu de sens et serait inaplicable. »

Une fois l'interdit intenté par le *rogatus*, le concession aire est mis en demeure : la restitution doit être faite ; à defaut de restitution une condamnation pécuniaire sera prononcée, *in tantum quantum interfuit actoris*. Seulement à partir de cette mise en demeure, le concessionnaire à qui la concession a été retirée ne plus acquérir les fruits : il en devient donc comptable à partir du moment même ou l'interdit est intenté.

« Ex hoc interdicto restitui debet in pristinam causam ; quod si non fuerit factum, condemnatio in tantum fiet, quanti interfuit actoris, eam rem restitui ex eo tempore ex quo interdictum editum est; ergo et fructus ex die interdicti editi præstabuntur. (L. 8. p. 4 *h. t*).

A partir de ce même moment la responsabilité du précariste n'était plus mesurée avec la même indulgence.

« Plane post interdictum editum oportebit et dolum culpam, et omnem causam venire; nam ubi moram quis fecerit precario, omnem causam debebit constituere. (L. 8. p. 6. *h. t*.

C'est au moment de l'émission de l'interdit qu'il faut se reporter pour déterminer l'étendue de l'obligagation de restituer. Le concédant doit être rétabli dans la posesston des choses par lui concédés, telles qu'elles se trouvent aux mains du précariste lors de l'émission de l'ordre du magistrat. Que si la chose a été perdue ou détruite par le dol ou la faute *dolo proxima* du concessionnaire, une condamnation pécuniaire sera prononcée, équivalant à la valeur de la chose. Et à partir de l'émission de l'interdit, le concessionnaire sera passible de tous dommages et intérêts à raison des détériorations et pertes provenant de sa simple faute.

Enfin cet interdit est perpétuel. « Quum enim nonnunquam in longum tempus precarium concedatur absurdum est dicere, interdictum locum non habere post annum. (L. 8. p. 7. *h. t.*)

Indépendamment de l'interdit de precario l'École Sabinienne étendant la sphère d'application d'une action du droit civil accordait aux *rojatus* la *condictio incerti.* A la différence de l'interdit, fondé sur un fait délictueux du défendeur, la *condictio incerti* a son fondement dans un quasi contrat.

Les Procubiens, comme nous l'avons vu, admettaient ici l'action *præscriptis verbis*, qui suivant la théorie la plus généralement admise tire son origine d'un contrat.

Le *precarium* admis au nombre des contrats, protégé comme tel devait recevoir d'importantes modifications. L'action *præscriptis verbis* présentait en effet sur l'interdit de *precario* d'incontestables avantages.

C'est ainsi que l'interdit ne pouvait être dirigé contre l'héritier du *rogans* si la possession de la chose concédée n'avait point passé entre ses mains. Et même pour que l'interdit pût être utilement dirigé contre *l'heres*, il fallait non-seulement qu'il fût investi de la possession de la *res concessa*, mais encore qu'il connût l'existence du *precarium* accordé à son auteur.

Depuis l'introduction de l'action *præscriptis verbis*, *l'heres* est tenu comme si la restitution de la chose concédée avait été promise par le *de cujus* dans une stipulation.

L'introduction de cette action n'a point amené de changement dans l'appréciation si indulgente que l'on faisait de la responsabilité du précariste. Il n'est tenu encore que de son dol ou de sa faute grossière.

Il ne faut point conclure de cette appréciation

toute particulière de la responsabilité du précariste, que les jurisconsultes romains voulussent dénier par là la nature contractuelle du *precarium*. Il n'y a rien dans cette appréciation qui répugne à l'idée d'un contrat, puisque nous voyons dans un contrat civil, le dépôt, la même mesure et les mêmes règles pour la prestation de la faute.

La translation d'une obligation civile à la charge de l'héritier du *rogans*, nous conduit à examiner d'une manière spéciale l'effet que pouvait produire, dans le précaire, la mort de l'une ou de l'autre des parties.

La mort du *rogatus* n'empêchait point le *precarium* de subsister. C'étaient les héritiers du *rogatus* qui prenaient sa place, et c'était à leur égard que le *rogans* possédait *precario*.

Il se pouvait cependant que la concession eût été subordonnée à une volonté persistante dans la personne du *rogatus*, au moyen d'une clause semblable à la suivante : *Quo ad is qui dedisset, vellet*, (*Théorie des interdits*, p. 272.). Comme le dit M. Machelard, une pareille clause mettrait obstacle à la continuation du *precarium* postérieurement au décès du *rogatans*. Après cet événement, le précariste ne devait plus être considéré que comme un possesseur de mauvaise foi, et il perdait le bénéfice de la mesure avec laquelle, dans le précaire, on appréciait sa responsabilité.

Quant au décès du *rogans*, il a donné lieu à de vives controverses. Il était naturel de subordonner la solution à intervenir dans ce cas, à la décision prise sur la question de savoir si le *precarium* devait être considéré comme un contrat.

Celse compare les effets de la mort du *rogans* et les effets de la mort du *rogatus*. Dans ce dernier cas le *precarium* subsiste : dans le second, le *precarium* est rompu.

« Precarii rogatio et ad heredem ejus qui conces-
« sit transit; ad heredem autem ejus qui precario
« rogavit, non transit; quippe ipsi duntaxat,
« non etiam heredi concessa possessio est. (L. 12.
§ 1 *h. t.*) »

Paul est du même avis : et il ajoute que l'héritier du *rogans*, s'il reste en possession, doit être considéré comme un possesseur clandestin. Il faut supposer alors que l'*heres* était instruit de la mort de son auteur. La fin du texte de Paul (*Sent.*, liv. V, t. 6, § 12), où il est dit que le *precarium* n'existe plus et que pourtant le concédant peut toujours agir, a donné lieu à quelques difficultés d'interprétation, que M. Machelard résout de la manière suivante :

L'interdit de *precario* ne doit point trouver ici sa place : l'*heres* n'est pas admis à invoquer la position du précariste avec les ménagements qu'elle comporte. Il ne peut être admis à conserver les fruits qu'il a recueillis depuis la rupture du *precarium* jusques au moment où il est poursuivi. Il est soumis indéfiniment à une action; que cette action soit l'interdit *clandestinæ possessionis* ou l'interdit *uti possidetis*.

Papinien (L. 11. *De div. temp. præscr.*), comme Celse, comme Paul, se refuse à admettre la transmission du *precarium* à l'héritier du concessionnaire. Il décide même que si l'héritier ne connaît point le décès du *rogans*, il ne sera pas traité avec l'indulgence ordinaire en matière de *precarium*. On devra prendre sa bonne foi en considération ; mais il ne sera point considéré comme un précariste, et il devra rendre les fruits jusqu'à concurrence de ce dont il s'est enrichi.

Telle était la manière de voir des jurisconsultes de l'École sabinienne.

Ulpien est avec eux en contradiction formelle. Dans la loi 8, § *Ult. h. tit.*, il admet sans restrictions la transmission à l'héritier, dans ce qu'elle peut avoir pour lui de rigoureux, comme dans ce qu'elle peut avoir de favorable. L'héritier aussi est un précariste ; il peut être poursuivi à un double titre, *nomine hereditario, nomine proprio*.

Le texte d'Ulpien établit nettement les deux situations, en marquant la différence qui les sépare. *Nomine hereditario*, l'héritier est tenu, mais seulement dans la limite du profit dont il se trouve enrichi. Il n'est tenu du dol du défunt qu'autant qu'un profit a été réalisé et subsiste encore. Comment expliquer, si le *precarium* était considéré par Ulpien comme un contrat, — que le jurisconsulte exige l'enrichissement pour autoriser contre l'héritier une action à raison du dol du defunt?

Il est de règle, en effet, qu'en matière de contrats l'heritier est tenu du dol de son auteur, sans qu'il y ait à tenir compte de l'existence d'un enrichissement.

MM. de Vangerow (T. III, § 691, 5°) et M. Machelard (p. 283) estiment qu'il y a lieu de restreindre la decision d Ulpien dans le texte en question, au cas seulement où le concedant prouverait la voie de l'interdit de *precario*.

Par la voie de l'action *præscriptis verbis* il pourrait demander compte à l'heritier du dol du défunt, qu'il y ait eu ou non enrichissement. (V. sur ce texte Savigny, *Poss.*, p. 31.)

Nomine proprio, l'heres répond de son dol, indépendamment de tout profit réalisé et subsistant.

Il faut reconnaître avec Savigny (*Possession*, § 42), avec Puchta (*Curs. der Inst.*, t. II, p. 540), avec M. Machelard (*Théorie des interdits*, p. 275), qu'Ulpien et les jurisconsultes de son école avaient admis une transmission du *precarium* au profit de l'heritier.

Il faut aller plus loin, et dire avec M. Machelard, que cette solution se lie logiquement avec la reconnaissance d'un *negotium contractum* dans le précaire.

Sans dire que le précariste succède *In vitia defuncti*, car les vices se rattachent exclusivement à la nature de la possession, abstraction faite de toute idée d'un lien contractuel, nous disons qu'Ulpien et son école décidaient, suivant la règle commune, que le précariste succédait *in obligationem defuncti.*

Ce système finit même, paraît-il, par être admis sans difficulté. Une constitution des empereurs Dioclétien et Maximilien, décide que l'interdit de *precario*, alors modifié sur le modèle de l'action *præscriptis verbis* doit être donné contre les héritiers du *rogans.* (L. 2. *C. de prec.*)

L'aliénation par le *rogatus* de la chose considérée n'a point absolument pour effet de mettre fin au *precarium*. Ulpien examine *an precarium duret, re ad alium translata*. (L. 8. § 2. *h. t.*). S'il n'y a pas de révocation formelle de la part de l'acquéreur, le précariste sera considéré comme *ab illo precario habens*, et l'acquéreur pourra user de la voie de l'interdit, comme ayant, lui aussi, par son silence, confirmé la concession faite par son auteur.

Indépendamment du mode direct d'extinction, la révocation formelle, le *precarium* s'éteint encore par l'effet de l'acquittement d'une obligation à l'existence de laquelle son existence se trouve subordonnée.

C'est ainsi que le *precarium* consenti à l'acheteur s'éteint par ce parement du prix de vente.

Le *precarium* s'éteint encore par le bail de la chose concedée, passé entre le *rogatus* et le précariste. La loi 10, de *acq. possessione* préseute une grande importance, et nous aurons à y revenir par la suite.

§ II.

Quelle était l'utilité du precarium *et pourquoi a-t-il été introduit ?*

« Comment les Romains, dit M. de Savigny, « (*Possess., Edit. cit*, p. 438, 439), peu enclins de leur « nature aux actes de libéralité, ont-ils pu de « bonne heure déjà éprouver le besoin d'une pa- « reille institution, besoin qui doit nous faire con- « clure à un usage fréquent dans la pratique ? Et « s'ils ont éprouvé ce besoin, pourquoi ne pas y « voir simplement la matière d'un contrat réel, « d'un commodat, ou au moins d'un contrat inno- « mé d'après la forme *do ut des ?*

« Car la remise de la chose et l'accord sur sa « restitution se présentent évidemment dans l'es- « pèce et cela suffit pour constituer un contrat « réel.

« Ensuite comment pouvait-il y avoir contro- « verse parmi les jurisconsultes romains dans ce « sens, que les uns niaient l'existence d'une « obligation civile et expliquaient ainsi la néces- « sité de l'interdit, tandis que les autres admettaient « l'action *præscriptis verbis ?* Pourquoi ne suit-on « pas ici les principes généraux en matière de faute? « Pourquoi cet interdit ne concernait-il à son ori-

« gine que les immeubles; et pourquoi cette règle « s'est-elle modifiée ? Enfin pourquoi ne s'enten- « dait-on pas sur l'obligation qui incombait à l'hé- « ritier ? »

Niebuhr, dans son admirable chapitre sur le domaine public et sa jouissance, a cherché et probablement découvert l'origine du *precarium*. L'hypothése de Niebuhr, immédiatement admise par M. de Savigny, sans être absolument démontrée, présente le plus grand caractère de probabilité. (*V.* Maynz, § 329, note 18; — Machelard, *Interdits*, pp. 263 et suiv.; — *V.* aussi Molitor).

L'*ager publicus* romain, la partie la plus importante du *publicum*, celle qui a fait l'objet des lois agraires, était possédé en grande partie par des particuliers, qui payaient une redevance ayant tous les caractères de l'impôt.

C'était une *possession*, disons-nous : telle est l'expression solennelle. On appelait *possessiones* des parts de l'*ager publicus*, parts qui pouvaient être transférées, ou vendues; malgré que la propriété en restât aux mains de l'État, aux mains de la République.

Les possesseurs avaient l'*usus*, dit Niebuhr; la République avait le *fructus* et la propriété. Sur la valeur respective des mots *prædium*, *ager*, *possessio*, *usus*, *fructus*, v. Niebuhr, ed. *de Golbery*, T. III, p. 192 et suiv. et Javolenus, T. 115, de *V. S.*

« Possessiones appellantur agri late patentes, « publici privatique quia (l. qui) non man-

« cipatione sed usu tenebantur et ut quisque « occupaverat collibebat (l. colebantur) ». (*Festus*).

Cette distinction de la possession et de la propriété ne peut être révoquée en doute en présence des témoignages nombreux et concordants qui nous ont été conservés.

Ciceron notamment s'exprime ainsi dans son troisième discours contre Rullus.

« Sunt multi agri lege Cornelia publicati nec « cuiquam assignati neque venditi, qui a paucis « possidentur. Hos privatos facit ; hos Rullus non « vobis assignare vult, sed eis condonare qui possi- « dent. »

Et ailleurs.

« Cum ea quæ vestra sunt condonari possessori- « bus videatis. »

L'origine de cette possession, continue Niebuhr a été certainement l'occupation de terres abandonnées ou dévastées. C'est ce que nous apprennent les *agrimensores*, c'est ce que nous apprennent Festus, Tite Live, Ciceron, Denys. La propriété au contraire, tirait son origine d'une *assignation* précise ou d'une délivrance de la part de l'Etat.

Cette possession une fois acquise était, comme la propriété, susceptible de transmission par héritage, par vente ; mais la propriété ne sortait point des mains de l'Etat. L'*ager publicus* ne pouvait être prescrit. La République gardait donc toujours ce droit supérieur de supprimer les possessions établies, de révoquer ainsi les concessions faites.

Mais d'autre part la République pouvait, et nous en avons des exemples nombreux, transformer l'*ager publicus* en *ager privatus* : transformer les possessions ou les révoquer, pour établir à leur place des propriétés.

L'histoire nous apprend qu'Appius pour subvenir aux dépenses des travaux publics fit vendre des domaines en nombre considérable. Il fallut bien expulser les anciens possesseurs pour faire place aux nouveaux acquéreurs. On imagine aisément quels obstacles devaient rencontrer de pareilles mesures, malgré leur légalité.

Cependant on ne nia jamais le droit de la République.

Il en fut de même pour l'*ager trientius tabuliusque*, qui était autour de Rome, et qui lorsqu'il fut mis en vente était certainement possédé par des citoyens romains.

Il en fut de même encore pour le territoire de Capoue.

Et la suppression de ces possessions ne donnait lieu à aucune indemnité.

Voilà pour les rapports entre l'État et ses tenanciers directs, les possesseurs de l'*ager publicus*. Mais il y avait aussi des concessions faites par les premiers tenanciers à leurs clients.

C'est ce que Festus nous apprend « Patres agro-

« rum partes attribuebant tenuioribus perinde ac « liberis propriis. »

Par rapport aux patrons, la possession des clients n'était pas moins précaire que ne l'était celle des premiers tenanciers envers l'Etat. Les patrons faisaient à leurs clients ces concessions comme ils les eussent faites à leurs propres enfants; il existait d'ailleurs entre patrons et clients une sorte de lien de famille analogue au lien qui unit le père à ses enfants (Savigny, p. 439.)

Ainsi se réalisait par le simple jeu des intérêts respectifs ce vœu de la loi romaine, la culture par des hommes libres, qu'il fut plus tard impossible de réaliser à nouveau, malgré les ordres les plus sévères, alors qu'il s'agissait d'éviter le dépeuplement de la campagne romaine. Ainsi, grâce à ces concessions successives, s'établissait sur le territoire de la République, toute une population de cultivateurs, citoyens romains, directement intéressés à la fortune et à la prospérité de l'Etat.

On comprend facilement que ces concessions de patrons à clients dussent prendre fin par la seule volonté du concédant, premier tenancier, — de même que la concession de l'État aux *patres* prenait fin par une loi ordonnant la suppression des *possessiones*. On ne permettait pas que ce qui avait été arbitrairement concédé *(precario)* fût réclamé contre le donateur comme une concession incommutable.

Telle est pour Niebuhr l'origine du *precarium*. Telle aurait été sa première application.

Et il faut reconnaître que cette hypothèse, une des plus satisfaisantes que l'on puisse rencontrer dans l'histoire du droit, explique jusque dans ses moindres détails, les particularités du *precarium*.

La possession de l'*ager publicus* ne pouvait se transférer légalement par voie de succession. La possession eût donc été vacante à chaque décès, et se serait trouvée à la disposition du premier occupant si l'Etat n'était intervenu.

Le pouvoir souverain qui avait d'abord conféré la possession, — qui protégeait les possesseurs, pouvait à nouveau conférer cette possession à l'héritier et le protéger à son tour. L'Etat qui conservait par devers lui la propriété, disposait librement de la possession ; et, sans se trouver lié par les actes de dernière volonté, qui en pareil cas et en ce qui concerne ces *possessiones* ne devaient être considérés que comme de simples vœux, — il ratifiait ces actes de dernière volonté et en protégeait la réalisation.

Mais le *precarium* une fois organisé en vue d'un objet déterminé pouvait étendre sa sphère d'application. C'est ainsi que nous en trouvons de fréquents emplois, dans des conditions fort diverses et que nous allons rapidement examiner.

Cette extension du précaire à certains cas en vue desquels il n'avait point été créé, explique, ainsi que le remarque M. de Savigny, les transformations que l'on essaye d'y introduire, et les controverses auxquelles donnèrent lieu ces essais de transformations; — n'oublions pas qu'alors l'objet primitif du précaire n'existait plus qu'à titre d'exception et que l'*ager publicus* avait presque totalement disparu. Nous rencontrons tout d'abord le *precarium* employé dans le cas où un débiteur veut donner à son créancier une sûreté réelle.

On sait qu'au début, pour constituer une semblable garantie, le débiteur transférait à son créancier la propriété même de sa chose soit par la *mancipatio* soit par l'*in jure cessio*.

A ce transfert de propriété était jointe une convention spéciale, la *fiducia*, par laquelle le créancier s'engageait à retransférer à son débiteur la propriété de la chose qui lui avait été mancipée ou cédée *in jure*, dès qu'il aurait reçu le payement de sa créance.

Il est facile de remarquer que cette sûreté réelle, ainsi donnée au créancier, très-efficace il est vrai, avait cependant le grand inconvénient d'enlever au débiteur la disposition de sa chose, de lui retirer par là même un des éléments de son patrimoine qui par un bon emploi aurait pu lui permettre d'arriver à meilleure fortune en moins de temps et avec moins de peine. Il y avait appauvrissement immédiat du débiteur, et surcroît de difficulté pour lui à réaliser la libération.

C'est alors qu'on fit intervenir le *precarium* (V. *Gaius*, II, 60). Le créancier investi de la propriété de la chose qui assurait le remboursement de sa créance, rendait à son débiteur la jouissance de son bien. Il la lui donnait à précaire, et tout en lui rendant les avantages matériels de la propriété, conservait par devers lui le titre et le pouvoir de ressaisir son gage dès qu'il lui plairait. On sait qu'en pareil cas le *precarium* faisait obstacle à l'*usucapio lucrativa*.

Voici un premier mode de sureté réelle dans lequel nous trouvons l'emploi du *precarium*.

En voici un second très-voisin du premier. Il s'agit du *pignus*, du gage. Sans transférer la propriété, sans donner au créancier aucun droit sur sa chose, le débiteur la lui remet, *pignori deponit*. (Paul. II, 4) Pas de droit pour le créancier ; mais impossibilité matérielle pour le débiteur de disposer de son bien qu'il n'a plus entre les mains. (Maynz, § 239.)

On finit cependant par reconnaître la possession au profit du créancier gagiste : il fut possesseur dans le sens légal du mot ; il put employer les actions possessoires.

Et alors, dans ce dernier état du *pignus* était-il possible, comme au cas de *fiducia* de restituer au débiteur la jouissance de sa chose, par l'effet d'un *precarium* ?

Voici comment la question est posée et résolue par Ulpien :

« *Quæsitum est, si quis rem suam pignori mihi dederit et precario rogaverit, an hoc interdictum locum habeat; quæstio in eo est ut precarium consisteri suæ rei possit.*

« *Mihi videtur verius, precarium consistere in pignore, quum possessionis rogetur, non proprietatis. Et est hoc sententia etiam utilissima: quotidie enim precario rogantur creditores ab his qui pignori dederunt, et debet consistere precarium.* » (L. 6, § 4 à notre titre.)

Le precarium en matière de *pignus* paraissait contraire à la régle *precarium suæ rei consistere non potest.*

Mais le Jurisconsulte qui nous montre la difficulté nous indique aussi comment elle peut être écartée; et il nous atteste en même temps, que grâce à cette manière de voir, le *precarium* était en pareil cas d'une utilité très-fréquente.

Il est certain en effet que le débiteur qui a remis à son créancier le possession de sa chose a, comme le dit M. Machelard (*Interdits*, p. 265.), entamé la plénitude de son droit. La propriété et la possession ne sont plus réunies dans les mêmes mains, et rien ne s'oppose à ce que le débiteur, resté propriétaire de la chose donnée en gage, qui est possédée par le créancier reçoive de ce créancier, possesseur, à titre de précaire, non pas la possession, mais la détention de la chose engagée.

Les textes nous apprennent un autre emploi du *precarium*. (L. 20. *h. tit.* L. 13; § 21. *Act. emt.* L. 11. § 12, *Quod vi aut clam*; L. 3. C. *de pact. int.*) C'est dans le cas de vente, lorsque le vendeur sans renoncer à son droit de propriété avant le paiement du prix, voulait néanmoins transférer à l'acheteur la possession, pour que ce dernier avec le secours des Interdits, pût se défendre seul et de son chef contre les troubles que les tiers auraient pu apporter à sa jouissance.

Le vendeur pouvait ainsi, à son gré, reprendre la possession par l'exercice de l'Interdit de *precario*; il ne courait donc aucun danger de perdre sa chose, et d'autre part l'acquéreur pouvait de son chef défendre sa jouissance.

« En droit romain dit M. Machélard, (*Int.* p. 266)
« il était de règle que le vendeur malgré la tradi-
« tion qu'il avait faite, restait à défaut de paiement,
« propriétaire de la chose vendue, s'il n'était pas
« prouvé qu'il avait voulu suivre simplement la foi
« de son débiteur, ou si des satisfactions fournies
« par l'acheteur ne démontraient pas que le ven-
« deur, tranquillisé sur le paiement de son prix,
« avait entendu se contenter d'être créancier....
« Etait-il (le vendeur) alors dépouillé de la pos-
« session qui aurait passé à l'acheteur? Nous ne
« saurions le croire. Il n'y a là en effet qu'une tradi-
« tion faite sous une condition tacite.

« La tradition étant conditionnelle la possession
« elle même (car la tradition n'est que la remise de
« la possession) reste en suspens au regard de l'ache-
« teur qui ne l'a que *sub Conditione.*»

On sait que le privilége du vendeur n'existait pas en droit romain : néanmoins l'origine de ce privilége remonte au droit romain et à la convention du précaire dont nous venons de parler en matière de vente.

C'est ce qui a été démontré par M. Gab. Demante (*V. la Revue critique* T. IV. 4e année 1858. *Etudes critiques sur les origines romaines du droit français.*)

Dans les ventes à crédit, en droit romain, le vendeur ayant livré devenait, s'il avait suivi la foi de l'acheteur, créancier pur et simple.

Il ne devait accuser que lui s'il avait mal placé sa confiance. Le crédit ne va pas sans risques. A ce danger, il n'y a qu'un remède, c'est de ne pas suivre la foi de l'acheteur; c'est de vendre au comptant; c'est de supprimer les ventes à crédit.

On tourna la difficulté. Nous venons de voir que le vendeur remettait à l'acheteur la possession précaire de la chose: telle est l'origine du privilége du vendeur. De cette façon le vendeur conservait indéfiniment la propriété.

On suppléa facilement cette convention si favorable à la fois à chacune des parties. (V. Ulpien. liv. XXXI; § 20. *in fine, D. ædil. edict*). L'usage même s'établit de la présumer toujours, sauf à l'acheteur à faire la preuve du contraire (Pomp; liv. 19; *Cont. emt;* Gaïus, 53; *eod.* Inst. § 41 *de Ter. div.*)

Cette solution découle implicitement des textes: et Pothier l'indique comme incontestable.

La situation respective des parties, ajoute M. Demante, relativement à la chose vendue, n'était, avant le paiement du prix, pas très-différente en droit Romain de ce qu'elle est aujourd'hui en droit Français.

A Rome, le vendeur était propriétaire, et l'acquéreur, possesseur à titre précaire.

En France, le vendeur est créancier, mais créancier privilégié : l'acquéreur est propriétaire, mais la chose est affectée réellement au privilége du vendeur.

Il est vrai qu'à Rome, l'acquéreur n'a qu'une possession précaire, qui peut prendre fin par le bon plaisir du vendeur, mais il est en même temps créancier de la chose vendue et comme le dit M. Demante, le vendeur serait forcé de réclamer par l'interdit de *precario* une chose qu'il serait obligé de livrer par *l'actio emti.* (V. liv. 2) à notre titre. — V. Catellan (*Arrêts remarquables du Parlement de Toulouse.* Liv. VII. Chap. V.)

L'emploi du *precarium* ainsi uni à la vente était si fréquent, que de nos jours encore, dans le midi, on dit couramment dans la pratique, « faire un « placement à précaire. » Pour dire « faire un pla- « cement par subrogation du privilége du ven- « deur. »

Nous voyons donc le précaire, inexplicable dès qu'il ne s'applique plus aux concessions de l'*ager publicus*, jouer au contraire un rôle important, d'une utilité incontestable dès qu'il s'unit à un autre acte juridique pour en modifier les effets.

Joint à la fiducie et au gage, il prépare la naissance de l'hypothèque, et produit des effets analogues ; joint à la vente, il introduit le privilége du vendeur.

Ce n'est pas tout. Le *precarium* se joignait encore au bail, au contrat de louage, et il prépara ainsi la reconnaissance officielle du contrat d'emphytéose.

C'est encore à M. Gabriel Demante que nous empruntons en substance ce qui va suivre. (*Rev. historique.* t. VI, 1860, p. 45 et suiv. *Des précaires ecclésiastiques dans leurs rapports avec les sources du droit Romain.*)

Ulpien, dans la loi 10, *de adquir. poss.*, s'exprime ainsi :

« *Si quis antè conduxit, postea precario rogavit videbitur discessisse à conductione : quod si ante rogavit, postea conduxit, conduxisse videbitur ; potius enim hoc procedere videtur quod novissimè factum est ; et hoc Pomponius ait, § 1. Idem Pomponius bellissimè tentat dicere, numquid qui conduxerit quidem prædium, precario autem rogavit non ut possideret sed ut in possessione esset? Est autum longe diversum : aliud est enim possidere, longe aliud in possesione esse... Quod si factum est, utrumque procedit.* »

Il résulte de ce texte : que d'une part le louage et le précaire sont incompatibles ; et en effet le précariste possède, et le preneur à bail ne peut posséder ; — que, d'autre part, le précaire et le bail peuvent se joindre, pourvu alors que le précaire ait pour objet non point la possession mais la simple détention.

Mais quel intérêt aura-t-on à joindre au louage un *precarium* n'ayant pour objet que la simple détention, puisque, en vertu du seul contrat de louage, cette détention corporelle appartient déjà au preneur ?

Il n'y aurait pas davantage d'intérêt appréciable au cas d'expiration du bail. C'est par un effet du même contrat de louage, que le preneur resté dans les lieux à l'expiration du louage est censé avoir reloué.

« *Hoc enim ipso quod tacuerunt consensisse videntur* (Voir Ulpien ; liv. 13, § 2. *Loc.* D. XIX. 2.) Là, est pourtant suivant M. Demante, la solution du problème.

« Pour la tacite reconduction, dit-il, on présume « qu'un nouveau consentement est donné et re« nouvelé à chacune des années qui suivent l'expi« ration du bail. Au contraire, les rapports nés « de la *precarii rogatio* subsistent indéfiniment « entre les parties, jusqu'à révocation formelle, « et ne sont même pas étrangers à leurs héritiers ;

« Le preneur qui reçoit cette concession de la « pure bienveillance du bailleur y puise l'espérance « de la prolongation illimitée de sa tenure. On « comprend que dans une location à court terme, « de cinq ans par exemple, puisque c'était un délai « usuel, une telle assurance ne fut pas sans quelque « valeur pour le preneur à bail.

« Vraisemblablement la convention dont il s'agit « intervenait le plus souvent dans la location des « fonds ruraux. L'humble colon, qui au temps « d'Ulpién n'était pas encore serf de la glèbe, obte- « nait ainsi, à défaut d'une garantie légale pour la « durée de sa jouissance une garantie morale « résultant des sentiments de bienveillance essen- « tiels à la convention du précaire. »

Et fait digne de remarque, un siècle après Ulpien, un siècle après la rédaction de ce fragment qui est la loi 10 *de adq. poss.*, une constitution des empereurs Valentinien et Valerius, de l'an 365. (Liv. 2, C. *de Præs :* VII ; 39.) désignait sous le nom de *possesseurs* précaires, les détenteurs que l'on désigne ainsi, et à tort, dans notre droit actuel, tous ceux qui ne peuvent arriver à prescrire, y compris ceux qui ne possèdent pas, par exemple les fermiers.

Pour que ce langage du droit soit arrivé à se fixer en ce sens, il faut évidemment que la combinaison du précaire et du louage se rencontrât d'une manière fréquente.

Ce développement pratique, suivant M. Demante, s'expliquerait ainsi:

Au temps dont il s'agit, les principes sur les locations à long terme des fonds municipaux commencèrent d'être étendus aux locations semblables entre particuliers.

Et alors, on peut facilement admettre que la distinction entre la *precarii rogatio* à fin de possession ou à fin de simple détention ait finit par disparaître et se perdre.

Probablement le tenancier qui était à la fois locateur et précariste fut admis à exercer en son nom les actions possessoires. De là à *l'actio utilis in rem* accordée aux locataires des fonds municipaux, il n'y avait qu'un pas. (v. L. I. et L. III. D. *Si ager vectigalis.* VI. 3.)

Ainsi le précaire et le louage réunis auraient préparé le contrat qui fut plus tard nommé l'emphytéose.

Remarquons au surplus qu'au VIIe et VIIIe siècles, les locations à long terme sont qualifiées de précaires. Emphytéose et précaire ne désignaient plus qu'une seule et même chose. (v. Ducange, au mot *precaria*).

D'ailleurs la Constitution de l'empereur Zénon (L. I. C. *de Jur. Emphyt.* IV. 66.) qui donna au mot emphytéose sa signification légale est postérieure de dix ans à la chûte de l'empire d'Occident. Elle n'a donc jamais été promulguée dans les Gaules.

Tel est le lien historique qui unit le précaire romain au précaire du moyen âge, aux précaires ecclésiastiques, qui au premier abord n'ont rien absolument de commun avec l'état de fait juridique et la convention dont nous parlent les textes du Digeste.

Le précaire romain est une concession révocable.—Le précaire du moyen âge est une concession stable, faite à un tenancier sa vie durant, parfois même pour sa postérité.

Le précaire romain est gratuit. Le précaire du moyen âge, le précaire ecclésiastique n'est jamais accordé que moyennant un cens.

Voici comment se constituaient en pratique les précaires du moyen âge. Un propriétaire donne sa terre à une église, puis la donation consommée, le donateur, l'ancien propriétaire adresse des prières au recteur de l'église afin qu'on lui rende l'usufruit de la terre dont il s'est dépouillé, qu'on lui rende ce fonds *precario jure, sub precario, usufructuario ordine.*

C'est donc tout simplement une donation sous réserve d'usufruit. — L'ancien propriétaire recevait ainsi *per Beneficium* l'usufruit de la terre qu'il avait donnée. (v. Marculfe. II. 5. *formulæ alsaticæ* I ; — Goldast. 67-76 ; — Sirmond. 7 ; — Lindenbrog. 19 *appendix*, 27 ; — v. *les formules* publiées par M. de Rozière ; — Strasbourg. 2-9 ; — St-Gall. 20 ; — *formules visigothiques*, 36-37.)

Le précaire se rencontre frequemment aux dernier temps de l'empire Romain. Ce sont de grands propriétaires, des corporations, des villes, des églises qui concèdent leurs biens en précaire.

Mais ce n'est plus le *precarium* Romain. C'est comme nous venons de l'indiquer, une donation sous réserve d'usufruit.

Nous voyons le précaire se multiplier sous cette forme dernière d'une façon remarquable. La législation est impuissante à arrêter ses progrès. Il s'agit du patronage des terres, des *patrocinia fundorum*. C'étaient les petits propriétaires, impuissants à faire respecter leurs biens, écrasés par l'impôt, qui faisaient abandon en faveur d'un personnage puissant, à qui ils redemandaient ensuite la jouissance des biens par eux abandonnés.

C'est comme le dit M. Fustel de Coulanges, la combinaison du précaire et de la clientèle. Si bien qu'au moment de l'invasion Germanique la terre étaient aux mains de trois classes différentes. Les hommes un peu considérables par leur fortune ou leur rang avaient la propriété : les hommes lib. avaient la possession ; et la culture était faite par le colons, attachés à la glebe.

Le fermage libre avait disparu depuis le IIIe siècle de presque toute l'étendue de l'empire, les fermiers étaient remplacés partout des colons. Dès lors, dit M. de Coulanges (*Revue des deux mondes*, 15 mai 1873. *Origines du régime féodal.*) les hommes libres ne voulaient plus en prenant à ferme s'exposer à être confondus avec les colons. On évitait par le précaire de courir de pareils risques ; on était véritablement possesseur.

Inutile d'observer qu'en pareils cas le précaire n'était plus gratuit. Directement ou indirectement le tenancier devait payer sa tenure.

Deux traits du précaire dit encore M. Fustel de Coulanges se retrouveront plus tard dans les bénéfices et même dans les fiefs : 1° La prière et le don ;

2° le transfert de la possession seule ou de la jouissance, la propriété restant aux mains du concédant.

Il est incontestable que le précaire ne transfère jamais que la possession ou la détention. Mais il ne faudrait pas, croyons-nous, appuyer cette vérité, ainsi que le fait M. de Coulanges, de l'autorité de la loi 6, § 4, empruntée à Ulpien. Il s'agit dans ce fragment, ainsi que nous l'avons vu, uniquement de savoir si le créancier gagiste peut faire une concession à titre précaire, et en écrivant ces mots : « *quam possesionis rogetur non proprietatis,* » le jurisconsulte ne pensait certainement qu'à la capacité du gagiste et voulait montrer seulement qu'on peut, sans être propriétaire, faire une concession à titre précaire.

Nous croyons qu'une légère inexactitude s'est glissée dans le remarquable ouvrage de M. Fustel de Coulanges.

« Le précaire ou bénéfice romain, dit-il, ne se « montre pas tout d'abord, on le chercherait en « vain dans la législation des Douze Tables, dans « les Codes proprement dits des Empereurs ou « dans les Instituts. La raison en est simple : c'est « un acte étranger au droit civil et pour ainsi dire « extra-légal, *quod genus liberalitatis ex jure gen-* « *tium descendit.* (Ulp. L. 2, *de Prec.* D. XLIII, 26). « Ce premier caractère est digne d'attention, nous « le retrouverons dans le bénéfice mérovingien. « S'il était en dehors du droit civil (*jus civile*) et

« n'appartenait qu'au droit naturel (*jus gentium*)
« il était pourtant d'un usage trop fréquent pour
« que les préteurs n'en tinssent pas compte... etc... »

Les mots *jus civile* et *jus gentium* dans ce passage paraissent avoir été quelque peu détournés de leur véritable signification. Dire que le *precarium* appartient au *jus gentium* et non au *jus civile* c'est dire qu'il est accessible aux *peregrini*, — mais ce ne peut être pour cela un acte extra-légal. La vente, le mandat, le louage sont des contrats du *jus gentium*, sont-ils pour cela extra-légaux?

Quant à savoir, si l'on chercherait en vain le *precarium* dans la loi des Douze Tables, la question est fort délicate et nous croyons qu'il est difficile ou presque impossible de la résoudre.

V. § 41 des *Institutes* de Justinien, II, 1. Ce texte figure dans la restitution de la loi des Douze Tables de Dirksen, tab. 7. Recueil de M. Blondeau, II, 69, et l'annotateur rapproche de ce texte le texte suivant de Festus : « Sub vos placo in precibus ferè
« quum dicitur significat id quod supplico, ut in
« legibus : transque dato, edendoque plorato. »

« Ce rapprochement, dit M. Demante, *Rev.*
« *critique* T. IV, 1854, semble indiquer l'usage du
« précaire dès l'époque de la loi des Douze Tables,
« mais ce rapprochement est assez divinatoire. »

DROIT FRANÇAIS

DES CONCESSIONS ADMINISTRATIVES SUR LES DÉPENDANCES DU DOMAINE PUBLIC.

Le domaine public comprend l'ensemble des choses destinées à l'usage de tous, et qui, à raison de cette destination légale, ne sont point susceptibles d'appropriation privée. Les caractères d'inaliénabilité, d'imprescriptibilité qui marquent toutes les dépendances du domaine public, assurent le maintien de cette destination commune.

Les droits de l'Etat sur ces choses sont ceux qui dérivent de la souveraineté, droits de garde, de conservation, de surintendance en vue de l'intérêt commun.

« Il y a des biens, disait le Parlement de Bordeaux « dans ses remontrances, le 30 juin 1766, appartenant « en commun à la nation, tels que les rivières, les « rivages de la mer..., dont la garde et la conserva-

« tion est l'attribut de la souveraineté. Il n'était pas « besoin de loi pour déclarer ces biens inaliénables, « parce qu'ils le sont par leur nature... Ce n'est pas « une véritable propriété dans la main du souverain, « mais plutôt un dépôt qui lui a été confié de la « chose commune ou publique pour la conserver, la « protéger, pour la rendre plus utile à tous ses « sujets. »

C'est la même idée que Domat exprimait en disant « qu'il y a deux sortes de choses destinées aux usa« ges communs de la société des hommes et dont « chacun peut user librement. La première de celles « qui sont telles par la nature, ainsi les rivières, les « fleuves, les mers, les rivages, sont à l'usage com« mun de tous. La seconde, de celles qui sont telles, « qu'encore que l'usage en soit naturellement néces« saire dans la société, soit pour le spirituel comme « les églises et les cimetières, ou pour le temporel, « comme les rues, les grands chemins, les places « publiques, les palais où se rend la Justice, les col« léges, les maisons de Ville et autres lieux publics ; « l'usage n'en est pas donné aux hommes par la « nature, mais c'est la police qui choisit et destine « les lieux qui doivent servir au public pour tous « ces différents usages. » (Domat, *le Droit public*, liv. I, tit. VIII, sect. I.)

Domat, distingue entre les choses destinées par la nature à l'usage commun des hommes et celles qui ne sont destinées à cet usage que par une disposition légale positive ; c'est, dit-il, « *la police qui choisit et destine* » ces dernières.

La distinction faite par Domat est exacte et fondée ; elle a en pratique, ainsi que nous le verrons, une importance capitale, mais il faut bien se garder de confondre les choses qui par leur nature résistent à toute idée d'appropriation, celles que les Romains appelaient *res omnium communes*, par exemple, l'air, la haute mer, l'eau courante considérée comme telle dans sa condition de perpétuelle mobilité, et les choses que Domat considère comme *destinées par la nature* aux usages commun[illegible]*ciété* des hommes, par exemple, les fleuves, les rivages de la mer...

Ces biens ne résistent pas absolument comme les *res communes* à l'idée d'une appropriation. Leur nature ne s'oppose pas à ce qu'elles entrent dans un patrimoine ; et, en fait, l'histoire de notre ancienne monarchie, nous offre des exemples de chartes et de contrats portant aliénation de ces biens, fleuves et rivières, rivages, que Domat nous dit devoir échapper par leur nature à toute appropriation.

La distinction établie par Domat, très exacte suivant nous, et féconde en conséquences pratiques, est celle même qu'ont reproduite plusieurs auteurs modernes et signifie seulement que parmi les dépendances du domaine public, les unes sont naturelles et n'ont point été créées par la main de l'homme, tandis que les autres sont l'ouvrage de l'homme. Les fleuves, les rivières, le rivage de la mer sont des biens *naturels* ; les ponts, les routes, les places publiques, sont des biens créés par l'homme. En un mot, il y a un domaine public naturel, et un domaine public factice : mais l'un comme l'autre ne sont point susceptibles d'appropriation au profit d'un simple particulier. Ils ne sont ni l'un ni l'autre *absolument* insusceptibles d'appropriation, mais seulement, comme le dit fort bien l'art. 538, C. civ., de *propriété privée*. Ils sont donc *à contrario*, susceptibles de propriété publique, et ils font partie *du domaine* public.

Pour l'un comme pour l'autre, c'est la loi, la destination légale à l'usage de tous qui opère le classement dans le domaine public.

Les conséquences pratiques de cette distinction seront examinées par la suite.

Les biens du domaine public appartiennent à la nation et sont destinés légalement à l'usage de tous, *ut singuli*. Le Gouvernement n'a sur eux qu'un droit de garde et de surintendance ; s'il en règle l'usage, s'il peut en modifier dans certains cas la destination et en prononcer l'affectation privative au profit des particuliers, ce n'est qu'en vertu de son droit d'administration, et non en vertu d'un droit de propriété.

Ainsi, et à raison de la nature des biens du domaine public, comme à raison de la capacité qui lui ferait défaut, l'Etat ne saurait se dessaisir irrévocablement de ces biens ni conférer sur eux à des particuliers des droits définitifs.

Les lois de la période révolutionnaire en décrétant l'aliénabilité du domaine de l'Etat, ont jeté quelque obscurité sur ces principes.

(V. le décret des 22 novembre. — 1er décembre 1790 et les considérants qui le précèdent).

Elles ont péché par excès de généralisation et n'ont point suffisamment tracé la séparation du domaine public d'avec le domaine de l'Etat. Mais cette distinction si positive s'impose et apparaît, même dans ce décret de 1790.

Ce décret dispose principalement : que les domaines nationaux et les droits qui en dépendent restent *inaliénables* sans le consentement et le concours de la nation ; mais qu'ils peuvent être vendus et aliénés à titre perpétuel et incommutable en vertu d'un décret formel du Corps législatif, sanctionné par le roi.

C'est la règle de l'aliénabilité du domaine de l'Etat substituée à la règle de l'inaliénabilité qui était suivie dans notre ancienne monarchie.

Mais il ne s'agit là que du domaine de l'Etat : pour le domaine public le principe fondamental se trouve dans l'art. 2 du même décret, ainsi conçu : « Les chemins publics, rues et places des villes.... « et en général toutes les portions du territoire qui « ne sont pas susceptibles d'une propriété privée, « sont considérées comme des dépendances du do- « maine. »

De ce que ces portions du territoire non susceptibles légalement de propriété privée, sont considérées comme des dépendances du domaine, — il n'en faudrait pas conclure, comme on serait tenté de le faire à la lecture de ces deux articles du décret, que la faculté d'aliénation consacrée par l'art. 1er, pût s'étendre aux objets désignés dans l'art. 2. Pas de doute possible à ce sujet.

Tant que les biens du domaine public conservent leur caractère, tant que la destination à l'usage public subsiste, tant que ces biens n'ont pas été l'objet d'un déclassement, le Pouvoir législatif ne saurait valablement autoriser le gouvernement à aliéner ces biens ou à conférer sur eux à des particuliers des droits définitifs.

Ce sont à peu près les termes mêmes du décret de 1790 qui ont passé dans le Code civil, à l'art. 538. L'art. 540, complète l'énumération en ajoutant les portes, murs, fossés, remparts des places de guerre et des forteresses.

Puis, l'art. 2226, C. civil, déclare les biens énumérés aux art. 538, 540, hors du commerce et imprescriptibles ; c'est ce qu'avait d'ailleurs déclaré le Parlement de Paris, en 1702, sur les conclusions du procureur-général d'Aguesseau, considérant que la prescription « étant une espèce d'aliénation, le do« maine des rois, déclaré inaliénable, était devenu « par là même imprescriptible. »

En résumé les dépendances du domaine public sont inaliénables, imprescriptibles, hors du commerce ; et elles ne peuvent faire l'objet d'un acte de disposition ou être grevées de droits au profit des particuliers, qu'autant que la destination publique à été légalement abolie.

C'est en vertu de ces principes qu'il a été décidé notamment que la vente faite par l'Etat et qui comprendrait une portion de terrain dépendant du domaine public est nulle; qu'il y a lieu d'ordonner la distraction de cette portion de terrain comprise dans la vente, sauf l'indemnité à accorder par l'administration à l'acheteur.

Conseil d'Etat, 15 *mars* 1825. *Bourgeois*.

Et de même il a été décidé que l'Expropriation ne se pouvait appliquer aux dépendances du domaine public. Ces biens n'étant point civilement susceptibles de propriété privée, d'autre part se trouvant déjà dans le domaine public, l'expropriation ne saurait avoir d'effet à leur égard.

V. Cass. 17 *février* 1874. *D. P.* 47. 1. 315.

Civ. cass. 3 *mars* 1862. *D. P.* 62. 1. 291.

La Chambre civile de la cour de cassation a rendu le 8 mai 1835 (D. P. 1865. 1. 293) sur une question presque semblable une décision intéressante à divers titres.

Certains biens qui, par leur destination, doivent être sans contredit rangés, parmi les dépendances du domaine public pourraient paraître avoir fait l'objet de véritables aliénations, et d'affectations perpétuelles.

Nous voulons parler des canaux de navigation. Ce sont au même titre que les routes, que les chemins de fer, des voies de communication destinées à l'usage de tous (voir Daviel nos 31 et 33. — Proudhon, no 194.)

On pourrait objecter que la loi ne les a point expressément mentionnés comme faisant partie du domaine public; mais il faut répondre, comme le fait M. Dufour (t. 4, no 291), que les lois nouvelles ont emprunté dans le droit ancien, non pas une disposition expresse et limitative, mais une doctrine, et qu'elles se sont bien gardées de procéder à une énumération.

Il existe d'ailleurs un texte, qui est presque formel. C'est l'arrêté du 19 ventôse an VI, dans ses articles 9 et 10, qui reproduisant en cela l'Ordonnance des eaux et forêts, soumet à l'autorisation préalable de l'administration toutes entreprises, tous établissements de quelque nature qu'ils soient, sur les rivières navigables et flottables, sur les canaux d'irrigation et de desséchement généraux. Si les canaux d'irrigation sont traités comme des dépendances du domaine public, à plus forte raison doit-il en être de même des canaux de navigation qui ont un caractère d'utilité générale bien plus manifeste.

Or, dans notre ancienne France, à une époque où l'on se montrait fort justement jaloux de la conservation des droits de la couronne, — sous Louis XIII d'abord, sous Louis XIV ensuite et de l'avis même de Colbert, nous retrouvons deux exemples d'aliénation de canaux. C'était pour le canal de Briare et pour le canal du Midi. Pour cette dernière entreprise il fut décidé en conseil « qu'un ouvrage qui de-

« mandait tant d'attention, d'habileté et de dépen-
« ses, ne pouvait être laissé sans les plus graves in-
« convénients aux soins de la régie publique, qu'il
« était plus sûr d'en confier la conduite et d'en ac-
« corder la propriété à un particulier intelligent
« qui pût la maintenir par une vigilance conti-
« nuelle, et qui eût intérêt à la faire comme étant
« sa propre chose. »

Mais notons bien que sous notre ancienne monarchie, ne faisaient partie du domaine de la couronne que les seules rivières portant bateaux de leur fonds, sans aucun artifice et ouvrage de main d'homme.

Sous l'empire des lois nouvelles, des concessions à perpétuité ont été consenties, notamment en 1825, pour le canal de la Corrèze. M. Lainé, rapporteur de la commission à la Chambre des Pairs, s'exprimait ainsi au sujet de la clause de perpétuité :

« A supposer que cette clause contrariât nos idées
« habituelles sur la munificence publique, on serait
« réduit à balancer le léger inconvénient d'un péage
« perpétuel avec la privation d'un canal que la con-
« currence provoquée n'a pas permis de faire à une
« autre condition. Si l'on considère d'autre part,
« qu'à l'expiration de 99 ans, terme ordinairement
« accordé à ces sortes d'entreprises, le gouverne-
« ment est obligé d'entretenir les travaux qui après
« un siècle commenceront à dépérir et de prendre
« les frais d'entretien et de réparation sur les contri-
« butions générales, on verra que l'État n'a aucun

« intérêt à s'opposer à la perpétuité du péage. » (*Séance* du 18 mai 1825.)

Même avant cette époque, un décret du 21 mars 1808, une loi du 23 décembre 1809 avaient autorisé le gouvernement à vendre non-seulement les actions et parts d'actions qu'avait l'État dans le canal du Midi, mais aussi les canaux d'Orléans et de Loing, le canal du Centre et le canal de Saint-Quentin.

Faut-il donc dire que depuis le décret des 22 novembre. 1er décembre 1790, l'État peut en vertu d'une loi aliéner les canaux navigables, à la charge par l'acquéreur, moyennant le péage qu'il est autorisé à percevoir, d'entretenir le canal en vue de sa destination?

Et doit-on admettre la distinction suivant laquelle les canaux construits aux frais de l'État seraient des dépendances du domaine public, lors même qu'ils auraient été cédés à une Compagnie à titre d'engagement, c'est-à-dire, comme le fait remarquer M. Garnier (t. 1er, p. 387), à un titre toujours révocable;— tandis que les canaux construits par des particuliers et à leurs frais, bien qu'ordonnés par l'État, seraient de véritables propriétés privées, soumises à la servitude de rester pour toujours des canaux ouverts à la navigation publique?

Cette distinction avait été admise par un arrêt de rejet de la Chambre des requêtes, du 5 mars 1829 (Fildier et autres C. les concessionnaires du canal de Briare. (*V.* Dall. *Rép.* Alph. V° *Eaux*, n° 101.)

« Attendu, disait la Cour, que s'il existe des ca- « naux construits par l'État ou devenus par une « cause quelconque sa propriété, il existe aussi des « canaux construits par des particuliers, à leurs pro- « pres compte et risques, formant leur propriété ; « que sans doute les canaux de la première espèce « font partie du domaine public, mais que ceux de « la seconde ne sont que des propriétés particu- « lières, grevées de la servitude perpetuelle de « rester en cet état, et de livrer passage à tous ceux « qui le réclament, conformément aux règlements « et tarifs... »

Un arrêt de rejet de la Chambre civile, du 22 août 1837. (V. Dall. *Rép.* Alph. V° Dom., p. n° 47, *Aff. d'Harcourt*, C. propr. du canal de Briare), semble renoncer à la doctrine qui avait inspiré la même cour en 1829.

Il s'agissait encore, dans cette seconde espèce du même canal de Briare, concédé à des particuliers de propriété, par lettres patentes, en 1638. Et il faut remarquer que ce canal commencé par le gouvernement, avait été abandonné, et que la concession était faite à la condition que les concessionnaires reprendraient les travaux et achèveraient à leurs frais le canal dans le délai de quatre années.

« Attendu, a dit la Cour dans ce second arrêt, « que les canaux de navigation et leurs dépen- « dances établis en vertu de concessions faites par

« l'autorité publique sur des terrains appartenant à « des tiers expropriés pour cause d'utilité générale, « lors même qu'ils ont été concédés à des particu- « liers sont des voies *publiques* par *destination perpé- « tuelle;* que l'usage auquel ils sont consacrés dans « l'intérêt général ne permet pas qu'ils soient dé- « membrés; que les parties qui les constituent, « notamment les rigoles et leurs francs-bords for- « ment un tout indivisible, nécessaire à leur desti- « nation; que si un canal pris dans son ensemble « et avec toutes ses dépendances peut être aliéné, « chacune de ses parties considérée seule et isolé- « ment est hors du commerce, parceque cette pro- « priété doit être conservée intacte; qu'ainsi chaque « partie séparée est imprescriptible: .... »

La Cour reconnaît bien dans ses attendus les caractères distinctifs du domaine public, — la destination à un usage commun, et surtout l'imprescriptibilité que l'on ne saurait reconnaître à aucune propriété particulière privée.

Le conseil d'État n'a point hésité à formuler le principe. Les canaux de navigation, qu'ils aient été construits aux frais de l'État, ou aux frais des particuliers concessionnaires, sont toujours des dépendances du domaine public, (V. Ord. C. d'État, 8 février 1847. Chevalier).

Le Tribunal des conflits, s'est prononcé en faveur de l'opinion admise par le conseil d'État. (V. Arrêt du 3 avril 1850. Deherrypon, Dall., 1850, 3. 49), et s'est appuyé sur ce principe que les canaux de navigation et leurs dépendances font partie du domaine public, pour décider, qu'en conséquence, l'administration a seule le droit de déterminer les limites des francs-bords de ces canaux.

« Les concessionnaires, dit M. Foucart, en trai-« tant des canaux de navigation, n'ont pas le droit « d'en supprimer, d'en changer la destination...; « ils sont plutôt concessionnaires des profits que « le canal peut produire que du canal lui-même qui « continue à être considéré comme voie publique. » Les concessionnaires en exécutant le canal, en le construisant, ne font que l'office d'entrepreneurs de travaux publics; en se livrant à l'exploitation du canal, ils sont entrepreneurs d'un service public. Seulement, le bénéfice que les concessionnaires sont appelés à retirer de l'exploitation constitue le prix qui leur est dû pour l'exécution du travail. Mais il n'y a dans chacun de ces contrats aucune altération d'un bien dépendant du domaine public.

« Ce serait se méprendre étrangement, dit » M. Dufour (T. 4, n° 291), sur la nature et le but » de ce genre de stipulations que de les assimiler » aux contrats prévus et réglés par la loi civile, et » de supposer que leur effet est de jeter dans le » commerce les choses auxquelles elles s'appli-» quent. »

Tout l'effet de ces concessions, même à titre perpétuel, est très-exactement indiqué par une résolution du Conseil des Cinq Cents, relative au canal du Midi, rapportée par Merlin (Rep. univ. au mot *Canal.*)

Le Conseil décidait « que les grands canaux de navigation à l'usage du public font essentiellement partie du domaine public; que les concessions qui peuvent en avoir été faites ne peuvent faire obstacle aux mesures à prendre pour leur conservation, amélioration et agrandissement, sauf le droit des concessionnaires aux remboursements et indemnités qui peuvent leur être dûs, et la continuation de leur jouissance jusqu'à l'acquittement entier et effectif. »

C'est ainsi que le système des concessions s'appliquant aux canaux ne contredit point aux principes fondamentaux d'inaliénabilité, d'imprescriptibilité qui régissent le domaine public dans toutes ses dépendances.

Remarquons d'ailleurs que ces principes seraient applicables encore même dans le cas où l'on déciderait que les canaux concédés à perpétuité forment aux mains des concessionnaires de véritables propriétés privées, — grevées d'une servitude d'utilité publique. C'est la servitude alors qui serait considérée comme une dépendance du domaine public, et c'est à cette servitude que s'appliquerait la règle de l'inaliénabilité. Mais nous croyons que les concessions de canaux qui seraient faites de nos jours ne devraient porter que sur les travaux à effectuer, sur le bénéfice résultant de l'exploitation du travail terminé et qui est la rémunération de ce travail. Il n'y aurait pas alors abandon d'un bien domanial, il n'y aurait pas concession d'une dépendance du domaine public.

Dans les deux arrêts du conseil d'État, du 19 mai 1864 (De Grave. V. Dall. 65-3. 23 et 27), il s'agissait de la concession faite par lettres-patentes en 1666, aux auteurs du sieur De Grave, de la propriété du canal du Loz. Il faut bien se rappeler, en lisant les décisions de ces arrêts que sous notre ancienne monarchie les seules rivières portant bateaux de leur fonds et sans ouvrages d'art faisaient partie du domaine public.

Mais si la destination commune que la nature ou la loi a assignée aux dépendances du domaine public s'oppose à toute affectation définitive au profit d'un particulier, l'administration peut néanmoins, en vue de la prospérité même du pays chercher à concilier l'intérêt public et les intérêts privés : — elle peut autoriser la mise en valeur de richesses naturelles si nombreuses, qui resteraient sans utilité aucune si elles n'étaient affectées à des usages privés ; elle peut sans danger autoriser certaines entreprises sur le domaine public, puisque ces autorisations ne donnent aux concessionnaires que des droits précaires et révocables, dont la durée, dont l'existence est toujours subordonnée aux exigences de l'intérêt public que l'administration apprécie et mesure.

L'inaliénabilité ne s'oppose donc en aucune façon à l'affectation de certains biens du domaine au profit des particuliers, — pourvu, et c'est la condition fondamentale, — pourvu que l'affectation n'entraîne en faveur du concessionnaire aucun droit opposable à l'État.

Aussi les concessions ayant pour objet les dépendances du domaine public sont-elles fort nombreuses ; le domaine public maritime, fluvial, militaire, admettent chacunes des affectations temporaires et révocables au profit des particuliers.

C'est ainsi, notamment, que l'ordonnance des Eaux et Forêts de 1669, tit. XXVII, art. 41 à 44, reproduite et étendue par l'arrêté du 19 ventôse, an VI, art. 9 et 10, soumet à l'autorisation préalable de l'administration toutes entreprises, tous établissements, de quelque nature qu'ils soient, sur les rivières navigables et flottables, sur les canaux d'irrigation et de desséchement généraux.

C'est ainsi encore que l'ordonnance de 1681 sur la marine (liv. IV, tit. VII, art. 2) défendait sous certaines peines de bâtir sur le rivage de la mer, d'y faire aucuns ouvrages qui puissent porter préjudice à la navigation. La même ordonnance soumettait à l'expresse autorisation du Roi l'établissement et la construction des *bordigues* et *madragues*. Ces prescriptions de l'ordonnance ont été reproduites par un arrêté du 9 germinal, an IX, et par une loi du 9 février 1852, qui réglemente à nouveau l'exercice de la pêche côtière.

De même aussi, la loi du 10 juillet 1791 sur le domaine militaire investit le ministre de la guerre des pouvoirs les plus étendus pour l'administration des biens affectés à la défense. Le ministre désigne les terrains militaires, qui peuvent être mis en culture, et il détermine le mode de culture; il autorise dans les mêmes terrains les plantations et abattis d'arbres; il autorise les constructions à élever dans les zônes des servitudes autour des places de guerre.

Pour quelques-unes des concessions portant sur des dépendances du domaine public, des règles minutieuses ont été tracées; — d'autres, au contraire, ne sont réglées par aucunes dispositions particulières; et les difficultés auxquelles ces dernières pourraient donner lieu, ne peuvent être résolues qu'à l'aide des principes généraux.

D'ailleurs, les actes par lesquels le gouvernement autorise les particuliers à se servir, dans leur intérêt privé, des choses destinées à un usage public, ces actes sont si nombreux, ont des objets si divers, et se peuvent présenter dans des circonstances si différentes, qu'il n'est point possible de codifier ces matières et de les soumettre à une seule et même loi. On imaginerait difficilement un même monument législatif réglant à la fois les prises d'eau pour l'irrigation, les usines, les établissements de pêche, les digues, etc.....

Chacune de ces matières ne peut être réglementée que séparément et pour ainsi dire individuellm ent.

Pourtant certaines conditions générales se retrouvent dans toutes les appropriations momentanées et précaires qui sont faites des dépendances du domaine public, quelque différentes entre elles que puissent être ces appropriations.

Il est impossible de définir *à priori*, la concession qui porte sur une dépendance du domaine public. Pour dire en quoi elle consiste et quelle est la nature du droit concédé il faut évidemment connaître et l'*objet* de la concession, et la volonté du concédant.

Le mot *concession* n'indique par lui-même rien de précis; il n'a point un sens déterminé; il ne désigne pas un rapport juridique défini comme les mots *vente*, *louage*, *gage*. Il peut servir à désigner des rapports de droit fort divers.

D'une manière générale, le mot *concession* peut s'appliquer à tout acte par lequel l'autorité compétente confère sur les biens du domaine public l'exercice d'un des droits que l'on peut avoir sur les biens ordinaires qui se trouvent dans le commerce. (Voir art. 543 C. civ.)

Mais il faut aller plus loin. Ce n'est pas seulement l'exercice d'un droit réel qui pourrait faire la matière d'une concession domaniale; l'exercice d'un droit personnel sur une dépendance du domaine public, pourrait être, croyons-nous, très-justement appelé une concession. C'est ainsi notamment que le bail consenti par le gouvernement de portion du domaine public, par exemple: le bail consenti à une commune de portion de rivage de la mer constituerait une concession domaniale. Il y aurait en pareil cas, au profit d'un particulier, concession de l'exercice d'un droit privé sur une chose qui légalement ne peut être l'objet d'une appropriation, ce qui ne peut être en principe détourné de la destination publique. Il n'y aurait pas uniquement en pareil cas, ce que l'on appelle bail administratif.

Observons encore d'une manière générale, que le gouvernement n'ayant aucun droit de disposition sur les biens du domaine public, ne peut, par voie de concession, véritablement conférer de droits sur ces biens aux bénéficiaires. Le concessionnaire ne pourra jamais invoquer la concession envers l'Etat concédant; c'est contre les tiers seulement qu'il pourra se prévaloir de son titre. Le gouvernement ne peut en effet conférer au concessionnaire que la faculté essentiellement révocable et précaire, *d'exercer* sur les dépendances du domaine public un droit de propriété, de servitude, de jouissance ou des droits d'usage. Il ne peut y avoir, — au regard de l'Etat, concession du droit lui-même : la capacité ferait ici défaut au concédant. C'est donc l'exercice, et l'exercice seulement qui peut être concédé.

De ce que la concession ne donne au concessionnaire qu'une faculté essentiellement révocable, il suit qu'en cas de retrait de sa concession, le concessionnaire ne peut prétendre à aucune indemnité.

Nous aurons par la suite à développer ce principe que nous ne faisons qu'indiquer. Disons seulement que dans notre droit actuel, et pour les concessions faites de nos jours, il ne reçoit aucune exception.

Le droit à une indemnité ne peut jamais naître de la concession elle-même. Si en fait, il se présente des cas où les concessionnaires reçoivent indemnité, c'est que la concession a été faite à certaines conditions imposées aux concessionnaires, et constituait en quelque sorte le paiement de travaux à exécuter, d'obligations à remplir dans l'intérêt de l'Etat. Que si les travaux une fois exécutés, les obligations remplies, la concession venait à être retirée, une indemnité serait due : mais il est facile de remarquer que ce n'est pas du retrait de la concession considéré isolement que naîtrait le droit à une indemnité, mais bien de ce fait que l'avantage promis par l'Etat en retour de prestations qu'il a reçues n'aurait pas été accordé conformément à la convention intervenue.

En résumé, la concession a pour effet de mettre le concessionnaire en possession d'une chose ou d'un droit : elle ne peut être opposée au concédant, mais elle est opposable aux tiers qui prétendraient troubler le concessionnaire dans sa jouissance.

Au regard des tiers le droit du concessionnaire sera ce qu'il pourrait être, s'il s'appliquait à des biens ordinaires susceptibles d'aliénation. Le concessionnaire aura donc un droit réel ou personnel, mobilier ou immobilier, transmissible ou purement attaché à la personne. La détermination de ce droit sera faite au regard des tiers, suivant les principes du droit civil. Au regard de l'Etat le concessionnaire n'a que la possession ou la quasi possession. C'est un *possesseur* à titre précaire.

La détermination des droits résultant de la concession donne lieu à des réelles difficultés. Et la jurisprudence, qui sur certains points, semble dès maintenant fixée, laisse encore une vaste carrière à la controverse.

Ainsi, le caractère mobilier ou immobilier du droit exercé par le concessionnaire d'un bien domanial a donné lieu à des décisions contradictoires fort nombreuses lors même qu'on aurait à statuer sur des concessions qui avaient pour objet les biens de même nature, faites dans des termes identiques. Au point de vue de l'enregistrement la question n'est point résolue en principe. On s'attache à la volonté présumée des parties, aux termes du contrat. La tendance est pourtant de considérer le droit exercé comme un droit mobilier. C'est la taxe du bail qui sera perçue le plus souvent.

D'autre part, nombre d'arrêts reconnaissent au concessionnaire — que l'on assujettit au point de vue de l'enregistrement à la taxe fixée pour les baux, — le droit de défendre par la voie des actions possessoires la jouissance qui lui a été concédée.

N'y a-t-il point là deux idées contradictoires? En fait la contradiction n'aura pas le plus souvent d'effet appréciable. Le concessionnaire presque dans tous les cas ne jouit pas du sol domanial sans y élever quelque construction, sans y entreprendre certains travaux. Et alors, en vertu de la jurisprudence bien établie, d'après laquelle les constructions élevées sur le sol d'autrui, dans le cas où le propriétaire renonce au bénéfice de l'accession, constituent aux mains du constructeur des biens immobiliers dont il devient propriétaire et sur lesquels il a le droit d'un superficiaire, on peut arriver à voir se confondre sur une même tête, et un droit mobilier, et un droit immobilier ; un droit réel et un droit personnel.

Tel, qui simple concessionnaire preneur à bail d'un bien du domaine public, n'a que la détention et ne peut intenter une action possessoire, pourra s'il élève des constructions en vertu d'une autorisation administrative, devenir propriétaire de ces constructions et défendre ses travaux par la voie possessoire.

Un arrêt de la Cour de cassation (Ch. req.) du 10 avril 1867 (D. P. 67. 1. 397) a décidé que les constructions élevées sur des terrains dépendant du domaine public, en vertu d'une permission de l'administration, même révocable, constituent des biens immobiliers susceptibles d'hypothèque et de saisie immobilière sous la condition résolutoire de la révocation administrative.

Ce n'est là que la solution de la question de savoir quel est la nature des constructions élevées sur le terrain d'autrui (V. aussi sur les *concessions administratives* : Caen, 3 avril 1824. *Jurisp. Gén. Biens* n° 25. Civ. cass. 18 nov. 1835. D. P. 35. 1. 444.)

Ainsi, même en supposant que l'Etat n'ait entendu concéder que l'exercice d'un droit mobilier, l'exercice d'un droit de bail, rien ne s'opposerait à reconnaître au profit du concessionnaire preneur à bail qui a construit, un droit de propriété et une véritable possession.

Mais ce n'est point là, remarquons-le bien, l'objet de la concession domaniale. La concession est tout entière en ceci : que l'Etat, que l'administration confère à un particulier sur des biens destinés à un usage public, l'exercice d'un droit privé. Que ce droit soit un droit mobilier, comme celui qui résulte du bail, ou un droit immobilier comme celui qui résulte d'une cession d'immeuble, de servitude par exemple.

La concession domaniale, c'est l'appropriation privée d'une chose ou d'un droit à titre précaire et révocable : c'est la possession précaire d'un bien dependant du domaine public, ou la quasi possession d'un droit sur ce même bien.

Tel est, croyons-nous, le principe général. Mais sur chaque espèce déterminée, nous voyons les controverses renaître sur le point de savoir quelle est exactement la nature du droit concédé. On sait à quelles discussions ont donné naissance les concessions de chemins de fer. Suivant les uns la compagnie concessionnaire a l'usufruit de la ligne ferrée; suivant d'autres, elle en a la possession précaire; suivant une troisième opinion, qui prévaut dans la jurisprudence et qui nous paraît devoir être adoptée, la compagnie concessionnaire n'est qu'un entrepreneur de travaux publics, rémunéré du travail exécuté par l'exploitation d'un service public, et dès lors n'a qu'un droit mobilier (V. en ce dernier sens. Civ. cass. 15 mai 1861. D. P. 61. 1. 225.)

Et cependant plusieurs lois ont fait résulter de la concession d'un chemin de fer un droit réel susceptible d'être hypothéqué. Ces lois ont constitué des hypothèques au profit de l'Etat, et on a admis que la compagnie pouvait hypothéquer le chemin à d'autres créanciers venant après l'Etat, premier inscrit. Mais c'est-là, comme le dit M. Batbie, une hypothèque toute spéciale, n'ayant que quelques uns seulement des caractères de l'hypothèque du droit commun (V. Batbie. *Précis*. p. 460, texte et note).

Le droit des compagnies concessionnaires de canaux a donné lieu à des débats semblables et l'on se trouve, sur cette matière, en présence d'un véritable chaos de décisions.

On pourrait prétendre que les biens du domaine public placés hors du commerce et ne pouvant s'acquérir par prescription ne sont point susceptibles de possession.

Ce serait une erreur. Sans doute la possession et la prescription sont étroitement liées, cette liaison n'est point assez intime pour que l'une ne puisse et ne doive être séparée de l'autre. C'est d'ailleurs ce que l'on reconnaissait dans notre ancien droit, et au droit romain.

« Separata est causa possessionis et usucapionis » disait Paul. (D. L. 2. § 1, *pro emptore*).

Notre droit français actuel ne pouvait suivre d'autres principes. Nous en trouvons une première preuve dans ce fait que plusieurs choses, qui sont susceptibles d'être possédées ne sont pourtant pas susceptibles de s'acquérir par prescription. Par exemple: les servitudes discontinues, les biens des mineurs.

La preuve en est encore dans ce que le code requiert pour opérer la prescription, une possession exempte de certains vices et revêtant certaines qualités; — tandis que d'autre part il reconnait que la possession qui ne peut entraîner la prescription, que la possession dépourvue de certaines qualités ou affectée de certains vices est cependant une possession.

On peut donc posséder sans pouvoir prescrire; et l'obstacle qui s'oppose à la prescription peut provenir soit d'un vice de la possession soit d'un caractère légal de la chose possédée.

Les biens du domaine public échappent à la prescription en vertu d'une disposition formelle de la Loi. A supposer que ces mêmes biens fussent prescriptibles, ils ne pourraient être prescrits par ceux qui les tiennent de l'administration à titre de concessionnaires. Les concessionnaires n'ont en effet qu'une possession précaire.

Mais la possession même vicieuse est une possession. En présence donc de l'art. 2228 et de l'art. 2229, qui, comme le faisait la loi romaine, séparent nettement la prescription de la possession, nous ne voyons point quel obstacle s'opposerait à ce que le concessionnaire possédât les choses ou les droits qui lui ont été transférés temporairement ou à perpépuité, mais toujours sous faculté de révocation.

Ainsi, croyons-nous, le concessionnaire d'un droit de prise d'eau dans une rivière navigable et flottable est un véritable possesseur. Sans doute il ne possède par les choses qui par leur nature ne sont susceptibles d'aucune appropriation, qui sont communes. L'eau de la rivière ne peut appartenir prisativement à personne. Mais le pouvoir de prendre cette eau, pour la faire passer sur tel ou tel point d'un héritage qui appartient au concessionnaire, droit marqué, si l'on veut, par des ouvrages, par des constructions, ce droit constitue une servitude sur la rivière elle-même, et c'est ce droit que possède le concessionnaire. Qu'il puisse défendre ce droit contre le concédant lui-même, contre l'État, voilà ce qui est inadmissible. Mais qu'il puisse s'en prévaloir contre des tiers, voilà ce qui ne saurait être contesté.

Le concessionnaire n'a envers l'État qu'une possession vicieuse; mais au regard des tiers c'est un juste possesseur, et les tiers ne sauraient être admis pour justifier les troubles et usurpations qu'ils auraient commis, à invoquer la domanialité des biens qui sont l'objet de la concession.

Les articles 2228-2229 c. civ. l'art. 23. c. pr. civ.

marquent en quelque sorte comme trois degrés dans la possession.

D'une manière générale, et sans ce préoccuper des effets qu'elle peut être appelé à produire, la possession est définie par l'art. 2228, *in abstracto* pour ainsi dire.

« La possession est la détention ou la jouissance « d'une chose ou d'un droit que nous tenons ou que « nous exerçons par nous mêmes ou par un autre « qui la tient ou qui l'exerce en notre nom. »

L'art. 2229 traite de la possession qui pouvant amener la prescription doit revêtir certains caractères.

« Pour pouvoir prescrire il faut une possession « continue et non interrompue, paisible, publique « non équivoque et à titre de propriétaire. »

La possession requise pour prescrire, est, on le voit comme un cas particulier de la possession, considérée d'une manière générale.

Voici enfin dans l'art. 23 c. pr. civ, une forme nouvelle de la possession. Ce n'est point celle qui est requise pour prescrire ; ce n'est point seulement la possession généralement définie : elle a des caractères particuliers ; c'est celle qui peut engendrer les actions possessoires.

« Les actions possessoires ne seront recevables « qu'autant qu'elles auront été formées dans l'année « du trouble par ceux qui depuis une année au moins « étaient en possession paisible, par eux ou les leurs, « à titre non précaire. »

Nous n'avons qu'une remarque à faire sur cet article : Le vice de précarité, dont il est question dans les derniers mots de l'article, est essentiellement relatif. C'est la reproduction incomplète de la formule romaine : *nec precario ab adversario...*

Le vice de précarité ne peut être opposé au possesseur que par celui dont émane la possession ainsi atteinte ; il ne peut être opposé que par celui envers lequel le possesseur est un possesseur précaire.

Si l'on compare la possession déterminée par l'art. 2229 et qui est requise pour prescrire, avec la possession déterminée par l'art. 23 c. pr. civ. qui engendre les actions possessoires, on se convaincra que l'une et l'autre diffèrent profondément.

La première doit être continue..., à titre de propriétaire, la seconde doit réunir une double condition d'annalité et doit être en même temps paisible et à titre non précaire.

En se tenant à la lettre même de ces articles, les mots *à titre de propriétaire* qui se trouvent dans l'art. 2229 et ceux *à titre non précaire* qui se trouvent dans l'art. 23 C. pr. civ., accusent deux situations distinctes. La différence n'est pas seulement dans les textes elle existe dans la théorie même de la possession. C'est l'intention du possesseur qui est ainsi caractérisée et distinguée ; c'est la nature de l'intention, jointe à la possibilité d'exercer en fait, qui spécifie la possession.

Autre chose est de posséder à titre de propriétaire et d'avoir la volonté de s'approprier sans restriction la chose dont on peut disposer; autre chose est de posséder à titre précaire, de reconnaître ainsi un droit supérieur au sien propre, d'exercer en fait son pouvoir sur une chose, tout en reconnaissant qu'on n'a sur elle qu'un droit limité, — et qu'on n'a pas l'intention de se l'approprier.

Il n'est donc pas exact de dire que les actions possessoires ne peuvent être engendrées que par une possession susceptible d'opérer la prescription; il n'est pas plus exact de dire que les actions possessoires ne sont admises qu'à l'égard des seuls biens susceptibles de prescription.

Aussi admettrions-nous sans difficulté que l'entreprise sur le cours d'une rivière navigable peut donner lieu à une action possessoire.

On objecterait vainement que la loi du 23 mai 1838, sur les justices de paix, dans son art. 6, § 1er, en accordant aux juges de paix la connaissance des entreprises commises dans l'année sur les cours d'eau servant à l'irrigation des propriétés et au mouvement des usines et moulins, ne vise que les cours d'eau non navigables et qui ne font pas partie du domaine public, et que ces dispositions ne ne sauraient être étendues aux cours d'eau navigables et flottables.

On répondrait d'abord que la loi de 1838, en supposant qu'elle ne concerne que les cours d'eau non navigables ni flottables n'a statué que sur le *plerumque fit*. Les cours d'eau du domaine public navigables et flottables font partie de la grande voirie; les entreprises qui peuvent y être faites constitueront toujours, soit des entreprises délictueuses, et alors justiciables comme telles du conseil de préfecture, juge ordinaire en matière de grande voirie, — soit des entreprises tolérées par l'administration.

Dans le premier cas — et contre l'État, pas d'action possessoire possible. Dans le second cas, même solution.

Mais supposons que l'État ne soit point en cause, et que le débat s'élève entre particuliers luttant pour la possession d'un bien domanial. Les tiers ne pouvant arguer de la domanialité du fonds au sujet duquel la contestation est née, — les juges de paix redeviennent compétents pour statuer sur la possession, comme pour les actions possessoires ordinaires. Il n'est pas besoin d'attribution spéciale de la loi en pareil cas. Les juges de paix sont compétents d'une manière générale, que la question du fond soit d'ailleurs de la compétence de l'autorité administrative ou de la compétence de l'autorité judiciaire.

Ainsi, quand l'État n'est pas en cause, nous dirons que l'action possessoire est recevable, lorsque l'entreprise ayant été autorisée il n'y a pas de délit à relever, lorsqu'enfin à défaut d'autorisation l'absence de poursuite de la part de l'administration peut faire supposer une autorisation tacite. Mais notons bien que ce n'est pas au juge du possessoire d'examiner si la possession constitue ou non une contravention de grande voirie; il ne doit statuer que sur la possession; l'administration pouvant seule constater et réprimer la contravention.

C'est en ce sens du reste que s'est prononcé la Cour de cassation et avec elle le Conseil d'État. Telle est aussi la solution indiquée par MM. Carou, Garnier et Belime. (Carou, *Traité des actes possessoirs*, nos 434 et s. — Garnier, p. 345.)

M. Carou introduit dans la question une distinction qui ne paraît pas suffisamment claire, entre les biens qui par leur nature sont hors du commerce, et ceux qui n'ont ce caractère que par la destination légale dont ils ont été l'objet.

Le véritable principe a été posé par Bourjon (*act. réelles*., tit. 4, ch. 1., sec. 1. n° 6), que cite M. Carou. On considère la possession en fait, abstraction faite du droit.

M. Belime s'exprime ainsi : « Les rivières navi-« gables donneront rarement lieu à des débats pos-« sessoires parce que c'est le conseil de préfecture « qui est chargé de réprimer toutes les entreprises « que l'on pourrait s'y permettre. Mais enfin... une « prise d'eau peut avoir lieu avec l'assentiment ou « par la tolérance de l'administration. Supposons « qu'elle existe depuis un an, et dès lors s'élève la « question de savoir si celui qui en jouit pour se faire « maintenir en possession contre les entreprises « des propriétaires voisins qui entraveraient sa « jouissance.

« Disons d'abord que s'il y avait eu concession « formelle de l'administration, la recevabilité de

« l'action possessoire ne serait pour nous l'objet « d'aucun doute.

« A défaut de concession la question sera fort dé« licate. Ne pourrait-on pas dire en effet qu'il s'agit « d'une possession délictueuse, frappée d'ineffica« cité par la loi, puisque c'est un délit que toute « entreprise sur les cours d'eau du domaine public?

« Cependant nous inclinerions à embrasser l'opi« nion contraire, par le motif qu'ici la loi n'a pas « indiqué de forme à suivre pour obtenir l'autorisa« tion du préfet, comme elle a eu soin de le faire en « ce qui concerne les usines.

« On peut donc dire que cette autorisation « peut n'être que tacite, qu'elle doit même être « présumée tant que l'administration ne réclame « pas.

« D'un autre côté, l'on ne peut voir, dans un pa« reil débat aucun empiétement du pouvoir judi« ciaire sur le pouvoir administratif, puisqu'il s'a« git d'intérêts purement privés ; c'est ce qui nous « fait croire que l'action possessoire serait recevable « et telle paraît être la jurisprudence du Conseil « d'État. » (Belime, *Traité de la possession et des actions possessoires*, nos 242 et suiv.)

Disons donc que dans une contestation entre particuliers portant sur la possession d'un bien domanial, aucune des parties ne pourra fonder les exceptions de sa défense sur la domanialité du bien litigieux.

Le juge du possessoire n'a point à s'en préoccuper; et l'État n'a aucun danger à redouter; puisque d'une part, il n'est point partie au procès, puisque d'autre part, le domaine public se trouve absolument garanti par le principe de l'imprescriptibilité.

C'est pourquoi nous ne comprenons pas très-clairement le motif pour lequel on souhaiterait voir l'État intervenir dans de pareils debats, s'élevant entre particuliers, et demander sa mise en cause. (V. M. Chalvet, *Étude sur la législation des bords de la rue*.)

« Il nous semble, dit M. Chalvet, que les juges « agiraient sagement en ordonnant la mise en cause « de l'Etat, le domaine public qui appartient à tous, « nous paraît devoir être sous la sauvegarde de « tous..... Ne serait-ce pas épargner à deux parti- « culiers un procès qui ne sera en définitive d'au- « cune utilité à la partie gagnante puisque si elle « est déclarée en possession à l'encontre de son ad- « versaire, elle ne pourra retirer vis à vis de l'Etat « aucun avantage de sa possession essentiellement « vicieuse? »

Nous comprendrions fort bien ces critiques si un doute pouvait s'élever sur la domanialite de l'objet au sujet duquel le débat s'agite; nous croyons que c'est l'hypothèse prévue principalement par l'auteur des lignes qui précèdent. En pareil cas l'administration ferait sagement d'intervenir et de procéder à une délimitation qui fît disparaître toute espèce de doute. C'est ce qui a lieu dans la pratique, et l'on évite ainsi des procès inutiles.

Mais il faut bien remarquer qu'il ne s'agit plus alors d'une action possessoire. La question est absolument déplacée, et la délimitation à laquelle procède l'Etat ne peut décider que sur le fond du droit, et aucunement sur la possession.

Aussi le Conseil d'Etat et la Cour de Cassation admettent-ils que la domanialité ne peut avoir aucune influence sur l'action possessoire, complainte ou réintégrande, débattue entre particuliers. V. Cas. ch. civ. 6 mars 1855. D. P. 55. 1. 82. Conseil d'Etat 11 avril 1848. D. P. 49. 3. 66. Conseil d'Etat 26 juin 1852. D. P. 52. 3. 45. Civ. Cass. 3 juillet 1850. D. P. 50. 1. 198. Req. 25 mars 1857. D. P. 58. 1. 315.

Cette jurisprudence laisse aux particuliers la libre appréciation de leurs droits, en même temps qu'elle n'oblige point l'administration à procéder à des délimitations peut-être inopportunes, à poursuivre des contraventions alors que la tolérance serait peut-être plus sage ; et cela surtout lorsque le domaine public se trouve naturellement à l'abri de toute atteinte par le seul effet des lois qui le régissent.

La question pourrait s'élever de savoir si le particulier qui a obtenu de l'Etat une concession consentie à perpétuité ou pour un temps déterminé, serait recevable à former une action possessoire contre l'Etat, qui, avant toute révocation de la concession, l'aurait troublé dans sa jouissance.

La question est ainsi formulée par MM. Aubry et

Rau (4e édit. § 185, note 43), et selon ces auteurs un arrêt de la Chambre des Requêtes du 31 mars 1831, l'aurait résolue affirmativement. (Sirey, 1831. 1 123). Sans examiner de près les faits de l'espèce sur laquelle est intervenue la décision soumise à la Cour Suprême, — il y avait titre non contesté, — il nous semble qu'une telle solution, donnée d'une manière générale serait directement contraire aux principes. La possession d'un bien du domaine public conférée par l'Etat à un particulier n'est et ne peut être qu'une possession précaire, quelles que soient d'ailleurs les conditions stipulées. Le possesseur doit savoir en effet que son droit peut être révoqué à toute époque, si l'intérêt public l'exige, et que l'administration qui l'a mis en possession est en même temps le seul juge qui soit compétent pour apprécier les besoins publics. Il manquera donc à ce possesseur la qualité fondamentale qui permet d'intenter une action possessoire, c'est de n'être pas vis à vis de son adversaire un possesseur précaire.

Notons encore que la révocation d'une concession domaniale n'est soumise à aucune forme déterminée : elle peut être tacite aussi bien qu'expresse; et le trouble apporté par l'administration à la possession du concessionnaire peut être considéré comme une révocation tacite.

Reste à savoir seulement si la révocation peut donner lieu à une indemnité. C'est là une question bien différente et qui n'a rien de commun avec une action possessoire.

Ce que nous avons dit d'une prise d'eau dans une rivière navigable s'appliquerait de même à la prise d'eau faite dans les fossés d'une place de guerre, sauf, bien entendu, les règles spéciales à la grande voirie.

Les mêmes principes s'appliqueraient encore aux entreprises sur le domaine public maritime. Le décret du 10 avril 1812 rend applicables aux travaux à la mer les prescriptions de la loi du 23 floréal an X, relativement aux contraventions en matière de grande voirie. Le décret du 16 décembre 1811, tit. IX édicte les mesures répressives.

A l'égard du sol des voies de communication de terre dépendant du domaine public, routes royales, etc... pourrait-il en certains cas faire l'objet d'une action possessoire entre l'Etat et des particuliers?

Ainsi le particulier qui se prétend exproprié par l'arrêté déclaratif de la largeur de la voie, pourrait-il intenter contre l'Etat une action possessoire? Et d'autre part, l'Etat menacé d'une action pétitoire par un particulier à qui une usurpation est reprochée, ne pourrait-il intenter contre ce particulier, une action possessoire? (V. Dalloz, *Jurisp. gén.* V. *act. possess.* n° 313. Garnier, *Des chemins*, p. 273.)

La solution de ces questions se fonde sur quelques principes que nous rappelons rapidement.

La fixation des limites des voies de communication rentre dans les pouvoirs de l'administration pure et ne saurait être donnée par voie contentieuse. Dans certains cas le Conseil d'Etat a fixé ces limites, mais c'est lorsqu'il ne pouvait y avoir de doute sur ces limites. Le Conseil ne faisait alors que reconnaître un fait indiscutable.

La fixation des limites ne décide point la question de propriété des terrains compris dans la délimitation. « Comme administrateur le gouvernement fixe la limite, et comme personne privée il défend à la question de propriété et à l'estimation des terrains s'il succombe au fond. Dans un cas, il s'agit de préserver le domaine public des empiétements des riverains, dans l'autre il ne s'agit plus que d'une question d'argent dont la solution ne peut modifier l'alignement. » (Serrigny, n° 691).

Il y a désaccord entre les auteurs sur le point de savoir si l'administration donnant à une voie de communication les limites légales fixées par les règlements doit faire décider d'abord la question de propriété, et si la forme de l'expropriation pour cause d'utilité publique avec l'indemnité préalable doit être admise. Disons immédiatement que cette question débattue entre les auteurs a été tranchée par la jurisprudence administrative qui décide qu'il n'y a pas lieu d'employer les formes de l'expropriation pour cause d'utilité publique.

Dans le cas où la voie de communication serait élargie sur tout son parcours, par exemple dans le cas où un chemin vicinal, deviendrait route départementale, dans le cas où une route départementale deviendrait route nationale, la même question se présente, et les auteurs se divisent sur le point de savoir si l'incorporation des terrains privés ne peut avoir lieu qu'en remplissant les formalités de la loi du 3 mai 1841. (Jurisp. Gén. V, *Voirie par terre*. — Garnier, *Des chemins*, p. 20. — Serrigny, n° 691.)

Une controverse s'est élevée aussi sur le point de savoir si en matière de grande voirie l'administration a le même droit que le droit attribué au préfet en matière de voirie vicinale, par l'art. 15 de la loi du 21 mai 1836 et s'il n'y a pas lieu de recourir à l'expropriation.

Enfin toutes contestations sur la propriété ainsi que sur les droits réels, dont se trouveraient grevés les terrains incorporés aux voies de communication, sont réservées à l'autorité judiciaire.

Ces principes posés, reste à savoir, sans s'occuper de la question de propriété, si le riverain dépossédé peut agir au possessoire.

Les auteurs proposent la solution suivante : L'action possessoire est recevable à l'effet de faire constater la possession exclusive du riverain dépossédé, antérieurement à l'arrêté fixant les limites de la route, et de permettre à ce riverain, en se fondant sur la présomption dérivant de cette possession exclusive, d'établir son droit à une indemnité (V. Serrigny, t. II, n° 694. Féraud-Giraud, t. II, p. 168.)

Mais l'action possessoire ne saurait être admise.

à l'effet de faire réintégrer ou maintenir le riverain dans la jouissance de sa parcelle (V. les mêmes auteurs, sur un *Arrêt du Conseil* du 23 décembre 1845, Bourguignon.)

Quant aux chemins vicinaux cette solution est admise par tous les auteurs qui décident que l'arrêté légalement pris par le préfet a pour effet d'incorporer définitivement au domaine public les terrains compris dans les limites fixées. L'action possessoire n'a plus pour but que de faire constater la possession antérieure. (V. Garnier, *des Chemins*, p. 424; — Foucart, t. III, n° 1317; — Curasson, *Comp. des juges de paix*, t. 1er, p. 29. et t. 2, p. 160; — Belime, *Possess.*, n° 216; — Serrigny, t. II, n° 694; — Féraud-Giraud, t. II, p. 435 et s.; — Chauveau, *Compét. et juris adm.*, t. I, n° 555.)

Et la jurisprudence s'est fixée dans le même sens (V. *Civ. Rej.* 8 juillet 1829, *jur. gén.*, V. *Voirie* par Terre, n° 448; — *Rej.* 13 janvier 1847, D. P. 47. 1. 84; — Cass. 26 juin 1849, D. P. 49. 5. 14).

La Cour de cassation (Ch. civ. 13 janvier 1847) s'exprimait ainsi :

« Attendu qu'aux termes de l'art. 15 de la loi du
« 21 mai 1836, cet arrêté (l'arrêté préfectoral, qui,
« dans l'espèce fixait la largeur d'un chemin vici-
« nal) a attribué définitivement au chemin le sol
« compris dans les limites qu'il détermine ; que dès
« lors, les défendeurs à la cassation ne pouvaient
« ni qualifier de trouble les faits de dépossession
« postérieurs à cet arrêté, ni demander, soit leur

« maintenue, soit leur réintégrande en la posses-
« sion qu'ils prétendent avoir eue d'une partie du
« sol au moment où l'arrêté a été rendu ;

« Att. que leur demande n'a eu pour objet ni
« une complainte pour trouble ni une demande en
« maintenue de possession ou en réintégrande :
« qu'ils se sont bornés à demander qu'il leur fût
« accordé acte de ce qu'à la date de l'arrêté ils
« étaient depuis plus d'un an et jour en possession
« des terrains en litige ;

« Att. qu'ils avaient un intérêt légal à former
« cette demande, puisque la constatation de leur
« possession annuelle des terrains que l'arrêté avait
« attribués au chemin, créait en leur faveur jusqu'à
« preuve contraire la présomption qu'ils étaient
« alors propriétaires de ces terrains ;

« Att. que cette demande devait être formée par
« action possessoire puisqu'elle tendait à faire dé-
« clarer judiciairement l'existence d'un fait de pos-
« session, et que le caractère de l'action n'a pas pu
« être détruit par cette circonstance que la spécia-
« lité de la législation sur les chemins vicinaux,
« interdisait de qualifier comme trouble l'interdic-
« tion de possession... etc... »

Trois points sont à noter :

La dépossession absolue résulte de l'arrêté préfectoral, qui transforme le droit des propriétaires
expropriés en un droit à indemnité ;

La possession des riverains antérieure à l'arrêté

peut être vérifiée par le moyen d'une action possessoire ;

Postérieurement à l'arrêté, il ne peut y avoir lieu ni à complainte ni à réintégrande ;

Enfin les actes de possession que les riverains exerceraient postérieurement à l'arrêté, constitueraient de véritables contraventions de voirie.

D'après la nouvelle jurisprudence, inaugurée par l'arrêt du 9 mars 1847 (*Rej.* D. P. 47. 1. 289), admise par l'arrêt du Conseil du 27 février 1862, l'action possessoire serait recevable et produirait tous ses effets si l'arrêté préfectoral avait pour objet un chemin vicinal dans son intégralité, dont le réclamant aurait eu la possession pendant une année antérieurement à l'arrêté du préfet.

Cette jurisprudence limite au cas d'élargissement d'un chemin existant déjà en nature de chemin vicinal, la disposition de la loi de 1836 qui donne à l'arrêté préfectoral le pouvoir d'incorporer définitivement au chemin la parcelle qui y est ainsi réunie, et de convertir le droit du riverain dépossédé en un simple droit à indemnité.

Par conséquent, dans le cas où il s'agirait d'un chemin dont la propriété communale ne serait pas reconnue, et que le préfet déclarerait communal, il faudrait, d'après cette jurisprudence, recourir aux formalités de la loi du 3 mai 1841.

Toutes les difficultés que l'on rencontre dans ces questions pourraient, ce nous semble, être généralisées : du moment qu'une portion quelconque de terrain est *incorporée* par un acte administratif qui peut avoir un pareil effet d'incorporation, — il ne saurait y avoir lieu au maintien ou au rétablissement du réclamant dans la possession de ce terrain; il n'y a plus lieu qu'à un débat au pétitoire, dans lequel la constatation d'une possession antérieure, par quelque autorité qu'elle soit faite, ne sert que comme élément de preuve de la propriété pour aboutir à l'allocation d'une indemnité.

La règle de l'inaliénabilité du domaine public souffre-t-elle quelque exception ?

On l'a admis.

Ainsi, M. Cotelle (*Droit admidistratif appliqué aux travaux publics*, III, 268), énumère jusqu'à six exceptions.

Voici, suivant lui, dans quels cas ces exceptions se produisent :

Concession de lais et relais de mer ;

Rétrocession de terrains acquis pour les travaux publics ;

Echange de terrains des routes (Loi du 20 mai 1836 ;)

Cession de terrains dépendant de routes abandonnées ;

Affectations domaniales ;

Servitudes légales et conventionnelles sur le sol des routes.

Des six prétendues exceptions qui viennent d'être énumérées — nous n'examinerons que la dernière. Les cinq premières reposent visiblement sur une confusion entre le domaine public et le domaine de l'Etat, et sur l'oubli que fait M. Cotelle du principe du déclassement.

La dernière a besoin de quelque explication. Nous croyons qu'elle n'est pas mieux fondée que les autres. M. Cotelle distingue d'abord le domaine public général, du domaine public départemental, et cette distinction une fois établie, il décide qu'un pont faisant suite à une route départementale, jeté sur une rivière navigable et flottable constitue une servitude du domaine public départemental sur le domaine public général.

Sans doute, la langue du droit administratif emploie quotidiennement les expressions de domaine public communal, départemental; mais ces expressions n'impliquent point l'existence de patrimoines divers, ayant chacun leur existence propre; elles ne font qu'indiquer une division qui en pratique facilite les travaux de comptabilité, et qui n'a de raison d'être que notre organisation financière.

Si donc, comme nous le pensons, le domaine public général n'est point réellement distinct du domaine public communal et départemental, il ne saurait y avoir de servitude dans l'hypothèse prévue par M. Cotelle, en vertu de ce principe qu'on ne saurait avoir de servitude sur sa propre chose. *Nemini res sua servit.*

Néanmoins la décision de M. Cotelle peut faire naître les observations suivantes :

C'est qu'il n'est point impossible en effet qu'un bien du domaine public se trouve grevé d'une véritable servitude, même conventionelle. Mais il faut soigneusement examiner quand et comment cette servitude a pu prendre naissance.

Le domaine public est inaliénable — dans le principe, et nous ne croyons pas que le principe puisse subir une seule exception.

Mais le domaine public a diverses origines. C'est ainisi que M. Chalvet dans son étude sur la législation des bords de la mer distingue fort justement le domaine public *naturel*, du domaine public *factice*, et en tire des conséquences que nous aurons à examiner.

Prenons donc un cas d'incorporation factice, par le fait et la main de l'homme au domaine public. Un bien qui était dans le patrimoine d'un simple particulier est incorporé par voie amiable au domaine public et un contrat intervient entre le propriétaire du bien qui va être incorporé et l'État acquéreur qui doit procéder à l'incorporation.

Le simple particulier propriétaire, en pourra-t-il, si l'État y consent, sur le bien qu'il aliène et qui va devenir propriété publique, se réserver une servitude, pour un autre fonds dont il ne se dessaisit pas? Quelles dispositions de la loi s'y opposent?

Le bien aliéné sera incorporé au domaine public, mais point complétement : le bien aliéné subira un démembrement; le domaine public recevra la propriété moins le démembrement réservé; le démembrement réservé n'aura pas été compris, ni dans l'aliénation, ni dans l'incorporation.

L'incorporation se sera faite *sous déduction* du droit réservé.

C'est ainsi, croyons-nous, qu'on peut imaginer l'existence d'une servitude sur une dépendance du domaine public, sans cependant faire échec au principe de l'inaliénabilité.

Quant aux servitudes qui grèvent les biens du domaine public en nature de routes, de rues ou de places, — on peut dire que ces biens n'entrent dans le domaine public que sous la réserve de ces charges qui leur sont imposées par leur nature même.

Nous avons déjà dit que le domaine public étant inaliénable, n'était pas susceptible d'expropriation pour cause d'utilité publique : que si un bien dépendant du domaine public, doit être compris dans un travail d'utilité publique, il suffit d'une affectation prononcée par le Gouvernement sans qu'il soit besoin d'expropriation.

La Cour de cassation a dû se prononcer à ce sujet sur une espèce curieuse à divers titres (V. D. P. 65, 1, 203. *Civ. Rej.* 8 mai 1865.) La Cour avait écarté la question en déclarant que les terrains objets du procès avaient été retranchés du domaine public et faisaient partie du domaine de l'Etat : en conséquec, l'expropriation devenait possible, et puisqu'il s'agissait du domaine de l'Etat, le préfet avait qualité pour agir. (V. sur *l'expropriation du domaine national pour cause d'utilité publique*, un article de M. Collet. *Revue Critique*, Tom. 36 et 37.)

Le domaine public est naturel ou factice, construit par l'homme ou créé par la nature. Il y a donc des enrichissements naturels comme des enrichissements factices. Il en résulte que si un bien du domaine public peut par suite d'une concession domaniale perdre sa qualité de dépendance du domaine public et devenir propriété privée, — de même, ou plutôt inversement, il peut revenir à sa condition première à la suite d'un fait naturel.

La Cour de cassation, Chambre des requêtes, a été appelée à statuer sur un cas de ce genre : la solution par elle admise, contrairement aux conclusions de M. l'avocat général Paul Fabre, nous paraît devoir soulever de graves objections. Les faits sont ainsi indiqués par l'arrêt lui-même : « Attendu « qu'il est établi, qu'en 1769 il fut fait concession « au sieur Quinette d'une certaine étendue de grè« ves et relais de mer, dans la baie du Mont Saint« Michel, dont partie fut cédée en l'an XII, à Thomas, « auteur des défendeurs éventuels ; qu'à cette der« nière époque, les terrains cédés étaient en nature « de prés susceptibles de culture ; qu'en 1856, une « seconde concesion plus étendue a été faite à « Mosselmann et Donon, dans le périmètre de la« quelle se trouve compris le terrain litigieux qui « avait fait partie de celui acquis par Thomas en « l'an XII ; que la question est de savoir si ce terrain, « dont Thomas avait joui jusqu'en 1833 et qui à par-

« tir de cette époque a été de nouveau envahi par
« les eaux de la mer et couvert périodiquement par
« les hautes marées, peut être revendiqué par ses hé-
« ritiers, comme étant revenu leur propriété ou plu-
« tôt comme n'ayant jamais cessé de l'être, malgré
« son occupation temporaire par les eaux de la mer,
« alors qu'il a été mis à découvert par suite, paraît il,
« des travaux exécutés par les nouveaux concession-
« naires;

« Att. en droit, que la raison de décider ne peut
« se trouver dans l'art. 538 C. civ. qui dispose que
« les rivages, lais et relais de la mer et généralement
« toutes les parties du territoire qui ne sont pas
« susceptibles d'une propriété privée, sont consi-
« dérés comme des dépendances du domaine public;
« que cet article, placé au chap. des Biens dans leur
« rapport avec ceux qui les possèdent, ne peut servir
« à trancher une question de transmission de pro-
« priété; que la loi donnant à l'État le droit d'a-
« liéner à titre de créments futurs, en concédant le
« droit d'endigage, les parties du rivage de la mer
« auxquelles l'intérêt public ne lui paraît pas com-
« mander de conserver cette destination, il reste à
« apprécier la nature du droit qui dérive de cette
« concession et la portée de l'obligation qui en
« résulte pour l'État, au regard du concessionnaire;
« qu'ainsi il faut chercher la raison de décider dans
« les principes suivant lesquels la propriété s'ac-
« quiert, se transmet et se perd;..... »

Et la Cour suprême concluait que les terrains

tout d'abord conquis sur la mer, qui s'étaient à nouveau trouvés recouverts périodiquement par les hautes marées, en avaient ainsi repris, — pendant un laps de temps considérable — leur caractère de dépendance du rivage de la mer, n'avaient point, malgré cet événement de force majeure, cessé d'être la propriété des concessionnaires; — que le droit de propriété de ces derniers avait été non pas détruit, mais suspendu; — qu'en conséquence, ces terrains pouvaient être revendiqués par le concessionnaire primitif ou ses représentants, — même contre d'autres concessionnaires dont les travaux avaient remis ces terrains à découvert.

On disait, pour combattre cette solution, que les caractères légaux auxquels la loi attache la qualification de rivage de mer, ayant été constatés par le juge du fait, il fallait alors nécessairement tenir compte des conséquences que la loi attache à la qualification de rivage de mer.

Ces conséquences sont les suivantes : le terrain en nature de rivage de mer est une dépendance du domaine public; il fait partie du *dominium* du public; — toute propriété privée est dès lors effacée; une mutation s'est opérée, mutation due à la force seule des choses : la propriété privée disparait pour faire place à la propriété publique : la première est éteinte, puisqu'une nouvelle propriété s'établit sur le même sol qui a changé de nature, et puisqu'il est de l'essence de la propriété d'être exclusive et perpétuelle.

Le fait de transformation en rivage de mer établi et reconnu, — les conséquences ne sauraient en être éludées.

Par suite le droit de revendication, dans l'espèce soumise à la Cour, devait être repoussé : les terrains reconquis ayant cessé d'appartenir aux premiers concessionnaires.

Il s'agit de déterminer maintenant quelle est la nature de l'acte par lequel le gouvernement concède la jouissance d'un droit sur les biens dépendant du domaine public.

Les concessions domaniales sont-elles des actes administratifs, ou bien constituent-elles des contrats soumis aux règles du droit civil?

Les auteurs, la jurisprudence sont loin de donner à cette question la même solution.

Le Conseil d'État et le Tribunal des conflits ont constamment décidé que les concessions de biens dépendant du domaine public constituent des actes administratifs; que les actes émanés d'une autorité administrative, se rapportant à un objet d'administration ne pouvaient être interprétés que par l'autorité administrative; et que les tribunaux de l'ordre judiciaire, lorsque l'interprétation de pareils actes leur était incidemment déférée, devaient surseoir, renvoyer les parties devant l'autorité administrative compétente, pour, le sens de l'acte une fois fixé et déclaré, statuer sur le fond du débat. (V. Cons. d'État, 30 juin 1846. D. P. 47. 3. 18; — Cons. d'État, 17 déc. 1847. D. P. 48. 3. 49; — *Con-*

flits, 1er juillet 1850. D. P. 51. 3. 17; —Cons. d'État, 28 mai 1852, D. P. 53, 3. 41, — V. aussi Dall. *Jurisprudence gén.*, *V° Concess. admin.*, n° 13, et les décisions qui y sont rapportés; et V° *Compétence administr.* n° 64.)

La Cour de cassation, au contraire, considérant les concessions domaniales, même celles qui portent sur des biens du domaine public, non pas comme des actes administratifs, mais comme des contrats de droit civil, reconnait aux tribunaux de l'ordre judiciaire le droit de l'interprétation.

« Attendu, disait la Cour dans son arrêt du 2 mai « 1848 (D. P. 48, 1, 85) que lorsque le gouverne- « ment, autorisé par une loi, concède une partie « du domaine public ou du domaine de l'État, il « ne figure pas dans l'acte comme pouvoir admi- « nistratif procurant l'exécution des lois par des « règlements ou des décisions, mais qu'il stipule « comme représentant l'État propriétaire et alié- « nant par une convention de droit civil une partie « de son domaine; que cet acte n'est pas un acte « d'autorité, mais un contrat formé par le concours « de deux volontés et que les questions de pro- « priété auxquelles donnent lieu les rapports de cet « acte avec les droits des tiers sont de la compé- « tence exclusive des tribunaux... »

Dans un autre arrêt, en date du 21 mai 1855 (D. P. 55. 1. 310), la Cour de cassation, Ch. civ. reproduisait la même doctrine et reconnaissait la compétence des tribunaux de l'ordre judiciaire pour apprécier le mérite et l'effet des actes sur lesquels reposent les concessions lorsque l'appréciation de ces actes constitue précisément la question du fond et engage la question de propriété.

La Cour pose d'abord en principe que les débats qui peuvent s'élever en matière de propriété sont de la compétence exclusive des tribunaux judiciaires, ce qui, en effet, ne peut être contesté; — mais elle va plus loin encore. La question de propriété peut dépendre de l'interprétation de l'acte de concession. Or, reconnaître en pareil cas que l'autorité administrative est seule compétente pour donner cette interprétation, c'est dire que l'autorité administrative sera seule juge de la question de propriété, puisqu'elle peut les préjuger en interprétant l'acte de concession.

M. Cabantous enseigne cette doctrine : « L'autorité, dit-il, cesserait en réalité d'être juge de la question de propriété si, privée du droit d'apprécier elle-même les actes administratifs qui engagent cette question, elle était tenue d'en renvoyer l'examen à l'autorité administrative pour n'avoir ensuite qu'à enregistrer et constater le résultat de cet examen; et, en second lieu, parce que tout acte administratif qui influe sur la propriété est plutôt un traité entre contractants qu'un fait de puissance à sujet, le gouvernement excipant alors explicitement ou implicitement des principes du droit commun. »

Limites de la compétence judiciaire, relative-

ment aux questions de propriété. (Rev. critique, mars 1857, p. 257-277.)

Il est vrai qu'en 1857 la Cour suprême, dans son arrêt du 24 août (D. P. 57. 1. 321), sembla revenir sur les décisions précédentes et adopter les solutions admises par le Conseil d'État ou le tribunal des conflits.

« En supposant, était-il dit dans l'arrêt, que « pour éclairer la question de propriété il fallût « interpréter des actes administratifs, la Cour...... « devait se borner à surseoir au jugement jus- « qu'après cette interprétation, mais non se décla- « rer absolument incompétente... »

Mais en 1861, la Cour de cassation, Ch. civ., revenait à sa première théorie, à la doctrine qui avait inspiré les arrêts de 1848 et de 1855, — en décidant « que lorsque le gouvernement concède régulière- « ment une partie *du domaine public ou du do- « maine de l'État*, il ne figure pas dans l'acte comme « pouvoir administratif, mais comme représentant « l'État propriétaire et aliénant : que l'interpréta- « tion de ces actes est de la compétence absolue de « l'autorité judiciaire. » (Civ. Cass., 8 janvier 1861. D. P. 61. 1. 116.)

La théorie de l'interprétation des actes administratifs par la voie contentieuse, se résume dans les traits généraux suivants :

L'autorité administrative de laquelle émanent les actes dont le sens est contesté devant l'autorité judiciaire, est seule compétente pour donner l'interprétation de ces actes : et l'autorité judiciaire doit surseoir et attendre l'interprétation.

S'il s'agissait d'anciens actes, l'autorité qui a remplacé celle dont l'acte émanait, devrait donner l'interprétation.

« Il en est ainsi du moins, dit M. Aucoc (p. 387), « pour les actes administratifs autres que les con- « trats ; car pour les contrats il n'est pas possible « qu'une des parties en cause vienne seule déclarer « quel est le sens d'un acte qui n'a été complet que « pour l'accord des deux parties. Dans ce dernier « cas, c'est au juge appelé à statuer sur les diffi- « cultés relatives à l'exécution du contrat qu'il ap- « partient de statuer. »

En second lieu, cette interprétation doit être donnée avec les garanties et les recours que comportent les jugements des litiges administratifs, — que cette interprétation soit demandée au cours d'un litige administratif ou qu'elle soit demandée au cours d'un débat judiciaire, peu importe.

Cette théorie s'appuie, d'une part, sur le principe de la séparation des pouvoirs, et, d'autre part, sur cette considération que l'interprétation d'un acte, la fixation de son sens et de sa portée peut préjuger, et souvent en fait, préjuge le fond du débat. L'interprétation peut équivaloir à une annulation de l'acte ; c'est pour ce motif que l'interprétation est toujours donnée avec les garanties dont on entoure les litiges administratifs, — quand bien même l'acte qu'il s'agit d'interpréter aurait été rendu dans l'exercice du pouvoir discrétionnaire de l'administration, et quand bien même il ne serait pas susceptible d'un recours par la voie contentieuse. (V. Aucoc, *Conférences sur le droit administratif*, T. 1er, n° 270, p. 381.)

Telle est la règle générale. Mais il faut encore en déterminer la portée.

Elle ne s'applique pas à tous les actes émanant de l'administration.

« Cette règle, dit M. Aucoc (*loc. cit.*), n'est exacte « qu'en ce qui touche les actes émanés de l'admi- « nistration, autres que les règlements, *les conces-* « *sions à titre gratuit*, et ceux des contrats passés « par l'autorité administrative dont le contentieux « appartient aux juridictions administratives. — « Elle ne l'est pas en ce qui concerne les règlements « faits par l'autorité administrative, les actes ré- « glementaires qui fixent les tarifs de certaines « taxes assimilées aux contributions indirectes, et « les contrats dont le contentieux appartient à l'au- « torité judiciaire. » (V. Chauveau, *Compétence et* « *jurisp. admin.*, nos 418 et s., nos 664 et s.)

Ces principes posés, revenons à la question. Nous ne nous occupons en ce moment que des biens du domaine public. La concession qui porte sur ces biens est-elle un acte *contractuel*: constitue-t-elle un contrat, une convention?

Sans doute, si un acte semblable à la concession domaniale était fait entre particuliers et portait sur des biens ordinaires se trouvant dans le commerce, on y pourrait voir, et on y verrait avec raison une convention, un acte contractuel. Le précaire des romains était bien un contrat.

Mais si, d'autre part, l'on considère la nature toute spéciale des biens qui dépendent du domaine public, leur caractère d'inaliénabilité, d'imprescriptibilité, leur destination à l'usage de tous, — si l'on considère encore de quelle autorité elles émanent, les devoirs imposés à cette autorité qui n'a sur les biens publics aucun pouvoir de disposition, mais seulement un droit de surveillance et de garde, un droit de surintendance, on sera obligé de reconnaître que l'affectation par voie de concession de portion de ces choses publiques au profit d'un simple particulier, ne peut constituer qu'un acte d'administration pure, dans le sens le plus strict et le plus exact de ce mot.

Ce fait que la concession n'aurait été accordée que moyennant le paiement d'une redevance périodique ou d'une somme une fois comptée, serait-il de nature à modifier cette solution? Le paiement d'un prix transformerait-il en contrat du droit civil une concession domaniale? Même en ce cas il faudrait répondre négativement. Mais il ne serait peut-être pas impossible d'introduire une distinction et de dire: Il y a dans cet acte qui paraît n'en former qu'un seul, il y a en réalité deux actes : le premier, une concession administrative, acte d'administration pure ; — le second acte intervenu entre le concessionnaire et l'Etat agissant non plus comme administrateur mais comme personne privée, — acte contractuel, qui vient s'unir et se joindre à l'acte administratif dont il n'est que l'accessoire.

Mais abandonnons cette distinction, que nous ne formulons que timidement et revenons à la concession domaniale. Elle n'est évidemment pas l'œuvre de l'Etat agissant comme personne privée.

Aucune concession ne peut être accordée sans un examen attentif des besoins généraux : or ces mêmes besoins généraux, ces mêmes exigences des services publics, qui pouvaient à tel ou tel moment déterminé ne point s'opposer à ce qu'une concescession fût accordée, peuvent inopinément, brusquement obliger l'administration à retirer sans délai, les bénéfices qu'elle avait naguère accordés.

N'y a-t-il pas, d'ailleurs, dans les arrêts de la Cour de cassation ci-dessus rappelés une assimilation du domaine public au domaine de l'Etat, qui ne tend à rien moins qu'à une confusion des règles, si différentes pourtant, qui régissent l'une et l'autre de ces deux classes de biens ?

« Lorsque le gouvernement, autorisé par une loi, « concède une partie *du domaine public ou du do-* « *maine de l'Etat*..... dit la Cour, dans son arrêt de « 1848,..... il *stipule* comme représentant l'Etat « *propriétaire*, en *aliénant* par une convention du « droit civil une partie de son domaine..... »

En ce qui touche le domaine public qui est demeuré tel, qui n'a point été l'objet d'un déclassement, qui concerne sa destination publique ; cette proposition paraîtra certainement contestable. Le domaine public non déclassé est inaliénable, imprescriptible. Si les biens qui en font partie deviennent aliénables, c'est qu'ils ont subi un déclassement : et le déclassement a pour effet de les retrancher du domaine public pour les interposer au domaine de l'Etat. Ajoutons encore que le gouvernement, même en vertu d'une loi, ne pourrait procéder sur les biens du domaine public à des actes de disposition.

Les mêmes observations pourraient être présentées sur l'arrêt de la chambre civile du 8 janvier 1861, dont les termes sont presque exactement les mêmes que ceux de l'arrêt de 1848.

Mais on va plus loin et l'on dit que l'autorité judiciaire cesserait d'être juge de la question de propriété, si privée d'apprécier elle-même les actes administratifs qui engagent cette question, elle était tenue d'en renvoyer l'examen à l'autorité administrative pour n'avoir plus qu'à enregistrer la solution donnée par cette dernière.

Lors même que l'interprétation d'un acte par l'autorité administrative devrait entraîner la solution forcée de la question de propriété, cette conséquence extrême ne saurait faire refuser à l'autorité administrative l'exercice d'un droit qui lui a été formellement réservé. Si pour ne pas entreprendre sur les attributions du pouvoir judiciaire il fallait dans ces cas extrêmes, dans ces cas limites lui donner le droit d'interprétation des actes administratifs, on ne respecterait un principe que pour en violer un autre, qui est celui de la séparation des pouvoirs.

Il y a dans ces questions de partage de compétence comme une sorte de réciprocité. Que l'on renverse la situation, et que l'on suppose une question de propriété soulevée au cours d'un litige administratif. Les juridictions administratives en pareil cas, doivent surseoir et renvoyer à l'autorité judiciaire On peut même imaginer tel cas où la décision des tribunaux de l'ordre judiciaire arriverait en fait à enerver absolument les actes administratifs qui auraient été pris en violation des droits des particuliers. Serait-ce une raison pour refuser à l'autorité judiciaire le droit de statuer sur les questions qui lui sont réservées ?

On n'ira point jusque là.

Pourquoi dès lors, par voie de réciprocité, ne pas admettre la compétence administrative dans le cas où l'interprétation qu'elle doit donner, entraînerait la solution de la question de propriété ?

Notons d'ailleurs que cette interprétation est donnée avec toutes les formes, toutes les garanties, avec les recours des litiges administratifs. L'interprétation n'est pas un acte d'administration, mais un véritable débat administratif, un débat contentieux.

Ces questions et ces difficultés ont été soulevées et débattues fréquemment en matière de délimitation.

En ce qui concerne l'impétrant l'acte qui intervient sur sa demande, qui octroie ou refuse la concession est un acte qui émane du pouvoir discrétionnaire de l'administration. C'est une pure faveur que l'on refuse ou qu'on accorde. Il n'y a donc pas lieu d'admettre contre la décision de l'administration un recours contentieux de la part de l'impétrant.

Les concessions régulièrement faites de nos jours sont précaires et révocables; les entreprises des particuliers sur les biens du domaine public, les établissements nouvellement autorisés peuvent être supprimés dès que le service public vient à l'exiger.

Ils peuvent l'être sans qu'on soit forcé de recourir aux formes de l'expropriation pour cause d'utilité publique puisque les particuliers n'ont aucun droit de propriété sur les biens dépendant du domaine public.

Mais il faut rechercher si un droit à indemnité peut naître au profit des concessionnaires en cas de suppression ou de retrait de la concession, en cas de dommages causés aux entreprises autorisées.

C'est principalement en matière d'usines et de prises sur les cours d'eau navigables et flottables,—en matière de travaux à la mer ou sur le rivage, que ces questions ont été débattues.

Elles ont donné lieu à un nombre considérable de décisions, et les principes qui ont servi de fondement aux décisions intervenues dans ces matières spéciales, peuvent généralement s'appliquer à toutes entreprises sur les biens du domaine public.

La précarité qui caractérise la possession des concessionnaires les soumet en l'absence de toute convention contraire intervenue entre eux et l'administration, à voir supprimer ou réduire les concessions qui leur ont été accordées, sans qu'ils puissent pour cette suppression ou cette réduction prétendre aucune indemnité.

Le concessionnaire sait ou a dû savoir que la concession qui lui était faite peut lui être retirée dès que l'intérêt public l'exige.

Il connait le vice dont sa possession est entachée. Le droit à indemnité ne peut donc naître à la seule révocation de la concession, à la seule révocation prononcée, ne l'oublions pas, en vue de l'intérêt public.

Mais rien n'empêche qu'une convention ne vienne se joindre à la concession; et de cette convention auxiliaire et accessoire peut naître ce droit à indemnité qui ne saurait provenir de la concession considérée isolément.

A défaut de convention jointe, la concession par elle-même ne saurait donner naissance à un droit à indemnité.

Il est pourtant des établissements sur le domaine public qui, fondés en titre, ne peuvent être supprimés ou réduits que moyennant indemnité, — des entreprises sur lesquelles ceux qui les possèdent ont sinon un droit de propriété, du moins un droit incommutable et non précaire.

C'est ainsi que tous les établissements sur les cours d'eau navigables et flottables, antérieurs à l'ordonnance du domaine, de 1566, sont dits fondés en titre. Les droits conférés sur le domaine public, antérieurement à cette époque, ont un caractère spécial de perpétuité.

Une usine, une prise d'eau, qui remonterait à cette époque, ne pourrait donc être supprimée ou réduite sans indemnité. (Décret, 6 janvier 1853. — Leblanc-Daveaux.)

En pareil cas, il n'est pas nécessaire que le concessionnaire rapporte l'acte même de concession.

Il a été décidé d'une part, que des titres énonciatifs de l'acte originaire de concession ou la date seule de la construction de l'usine suffisent à établir l'ancienneté de la concession. (Arrêt du Conseil, 10 mars 1848, Faucheux. — Arrêt du Conseil, 10 février 1865, Guérard, Desbouriex.); Et d'autre part qu'il suffirait de prouver qu'on avait antérieurement à 1566, le droit à la jouissance de l'eau. (Arr. Cons., 11 avril 1863, Couturier.)

Nous venons de voir une première exception aux règles générales, résultant de l'ancienneté de la concession.

Il en est une seconde. Cette exception est toute de faveur; un grand nombre d'usines et de prises d'eau ont été comprises dans les ventes de biens nationaux, et la raison politique qui a fait décider (cette raison est expressément formulée dans les Constitutions de l'an VIII et de 1814) que les ventes nationales ne pourraient être remises en question. Quel que soit le mérite de ces dispositions favorables, elles sont positivement inscrites dans nos lois et admises aujourd'hui sans conteste.

Par suite, ces usines et prises d'eau sur les rivières navigables et flottables sont tenues pour établies et légalement pratiquées, et pour fondées en titre, tout comme si elles étaient antérieures à 1566.

Parmi ces ventes, les unes ont été faites avec affectation spéciale formellement exprimée d'une force motrice ou d'une valeur évaluée; — tantôt, au contraire, elles ne contiennent aucune clause particulière. Dans ces dernières, il est dit que les acquéreurs sont mis au lieu et place des anciens concessionnaires. Cette différence a servi d'abord à la distinction suivante, très-juridique, et très-équitable à notre sens.

On a considéré que dans les ventes où il n'y avait pas affectation spéciale d'une force ou d'un volume déterminés, la circonstance que l'usine ou la prise a été vendue nationalement est insuffisante.

Du moment qu'il est dit que les acquéreurs sont mis au lieu et place des précédents concessionnaires, les acquéreurs ne peuvent avoir plus de droits que n'en avaient leurs auteurs. Il n'est pas question en pareil cas de garantie de la part de l'État, qui n'examine pas les droits des anciens concessionnaires et qui ne s'engage sur ce chef en aucune façon.

Dans les ventes, au contraire, où se trouve affectation d'un volume ou d'une force, il y a, a-t-on dit, un véritable engagement de la part de l'Etat, qui devient garant de la chose par lui vendue, et c'est à ces ventes seulement qu'on reconnaissait la vertu de donner un titre incontestable, un véritable droit à la jouissance de l'Etat, à l'encontre même de l'Etat. (V. pour les ventes faites sans affectation spéciale : Ord., 11 mai 1838, Berteau ; — Déc., 16 nov. 1850, actionnaires des moulins de Moissac. — Pour les ventes faites avec affectation spéciale : Ord., 22 mars 1841, Aubertot ; — Dec., 1er février 1851, Vve Baron.)

La jurisprudence du Conseil d'Etat était résumée en ces termes dans l'un des considérants d'un arrêt du Conseil, du 28 mai 1852, rendu sur le rapport de M. Pascalis et les conclusions de M. Reverchon. (V. D. P.52, 3, 41, Vve Ramière, et Tournès.)

« Considérant..... que l'administration a le droit « de prescrire sur les rivières navigables et flot- « tables toutes les mesures qu'elle juge utiles dans « l'intérêt du service de la navigation, et qu'il n'est « dû d'indemnité aux propriétaires d'usines situées « sur lesdites rivières, auxquels ces mesures se- « raient préjudiciables, qu'autant que l'origine de « ces usines remonterait à une époque antérieure « à 1566, ou que par suite de vente nationale il y

« aurait eu affectation spéciale auxdites usines « d'une force motrice déterminée.... »

Depuis ce dernier arrêt, la Jurisprudence du Conseil d'Etat a fait un pas nouveau dans la voie de la faveur. On a considéré que les ventes nationales faites pendant la période révolutionnaire, avaient été trop nombreuses pour que chaque acte de vente ait pu être l'objet d'un examen approfondi, et ait pu donner naissance à un débat précis; — que la non existence dans ces actes d'une clause formelle d'affectation spéciale ne prouvait pas assez nettement l'intention de l'Etat de ne rien garantir à ses acquéreurs.

Et en conséquence de ces observations, le Conseil, revenant sur sa Jurisprudence, admet aujourd'hui que les usines ou prises d'eau vendues nationalement, que l'acte de vente contienne ou non une affectation spéciale, doivent être indistinctement considérées comme fondées en titres, et ne peuvent être supprimées ou réduites que moyennant indemnité. (V. à ce sujet les arrêts du Conseil des : 6 Janvier 1853. — Leblanc-Daveau; — 16 Décembre 1858. — Viard; — 27 Juillet 1859. — Ducros-Bertrand; — 30 Juillet 1862. — Vital,) cités par M. Aucoc dans son *Cours de Droit administratif* à l'Ecole des Ponts et Chaussées. Résumé des conférences, Session 1865 — 66, 1 grand cahier in-f°. Lithog. p. 550.)

Nous avons parlé de la suppression ou de la réduction de la force motrice ou de la prise concédée.

Que décider dans le cas de mise en chômage prononcée par l'Administration pour cause de Travaux publics? Il a été jugé dans l'arrêt du Conseil du 6 janvier 1853 (Leblanc-Daveau. — D. P. 53, 3, 41.) que le chômage même temporaire des usines situées sur les cours d'eau navigables, et qui ont une *existence légale*, par suite des mesures prises dans le seul intérêt de la navigation, donne lieu à indemnité au profit des propriétaires de ces usines. Il ne pouvait y avoir de difficulté que relativement aux usines ayant une existence légale.

Il en serait autrement dans le cas où le chômage n'aurait été prescrit que pour permettre d'exécuter des travaux de curage et d'entretien de la rivière. En pareil cas, les travaux ordonnés, bien que ne nécessitant la mise en chômage, sont néanmoins profitables à l'usinier. (V. Arrêts du Conseil : 3 Janvier 1848. — Rousselle ; — 24 Janvier 1861. — Douliez.)

Supposons maintenant que le dommage occasionné à l'établissement ayant une existence légale ne provienne pas de l'exécution de travaux publics, mais de mesures prescrites par l'administration dans un but de police, de sécurité, de salubrité générale. Prenons par exemple le cas de suppression d'un barrage prononcée pour cause de danger d'inondation. Il n'y aura aucun droit à une indemnité. (V. Arrrêt du Conseil du 9 décembre 1858, Roffray, cité par M. Aucoc, à son cours.)

Il en serait ainsi encore des modifications prescrites par l'administration dans le seul intérêt de la Police générale ; — modifications qui sont souvent ordonnées en matière d'usines pour que les riverains et autres usiniers n'aient point à souffrir de la retenue. (V. Circulaire de M. le ministre des Travaux publics de 1851. — V. Dufour. T. 4, n° 372.)

Le droit de l'administration ne change pas dans ses hypothèses, quel que soit d'ailleurs la situation légale de l'établissement que l'on supprime ou que l'on modifie ; quelles que soient aussi les conventions qui aient pu intervenir entre le maître de l'établissement qui fait l'objet de la mesure prise dans un intérêt de police, — d'une part — et les riverains et d'autres usiniers d'autre part. (Ord. 2 Mai 1845. — Lechêne. — 30 Janvier 1847. — Lambert. — 17 Janvier 1831. — Wœrdendriés. — 10 Mars 1848. — de Villequier.)

Il ne peut être question d'indemnité « parce que, « dit M. Jousselin, ce n'est point l'Etat qui profite, « ce sont les héritages voisins ; d'autre part, la pro- « priété n'a jamais été le droit de détériorer maté- « riellement la propriété d'autrui ; et, spécialement, « les usines sur les cours d'eau n'ont jamais été au- « torisées ou tolérées, qu'à la condition, exprimée « ou sous entendue, de ne pas devenir un instru- « ment de malheur. » (Servitudes d'utilité publique. T. 1er tit. 2, Sect. 3. n° 36. V. aussi Ord. du 30 Janvier 1847, Lambert, déjà citée.)

Les entreprises antérieures à 1566 ou celles qui ont fait l'objet de ventes nationales, sont-elles les seules qui aient une existence légale ?

On a soutenu que les usines postérieures à 1566 qui auraient été concédées à titre onéreux ou moyennant un paiement fait au Trésor en vue de régulariser la situation de l'Etablissement, devaient être elles aussi, malgré leur défaut d'ancienneté, considérées comme fondées en titre.

Cette opinion s'appuie, on le le sait, sur la distinction du grand et du petit domaine, distinction que le conseil d'État ne parait pas jusqu'à ce jour, avoir prise en considération (V. arr. Conseil, 28 mai 1852, *Vte Ramière*. D. P. 52 — 3 — 41).

Nous ne reviendrons pas ici sur cette question. Mais on peut se demander d'une manière générale, si la circonstance que la concession a été faite à titre onéreux, — moyennant le versement d'une somme au Trésor, — ne constituerait pas pour les concessionnaires un droit à une indemnité dans les cas de suppression ou de réduction de leur concession.

Voici ce qu'écrit à ce sujet M. Lebrun dans une note jointe à l'ordonn. du 30 mars 1846, de Boisset.

« Remarquons toutefois qu'on rencontre dans « l'administration elle-même, une tendance à faire « fléchir la rigueur du principe de non-indemnité « dans un cas, celui où il serait établi que la permission n'aurait été accordée dans l'origine qu'à « titre onéreux sous la condition d'un capital versé « dans les caisses de l'État. (V. Nadault de Buffon, « *Traité des usines*, I, p. 348, avis de M. le ministre « des Travaux publics, Recueil, vol. de 1839,

« p. 50). En fait, rien n'est plus équitable que cette
« dérogation à la rigueur du droit qui ne fait, au
« surplus, que confirmer la règle générale. »

Et M. Dufour, sur la question, s'exprime ainsi :
« On demande si, lorsqu'il est prouvé qu'une per-
« mission n'a été accordée qu'à titre onéreux, l'in-
« demnité n'est pas due. — Les auteurs proposent
« une distinction. Nous admettons que si la per-
« mission a été délivrée moyennant une rente
« annuelle, la rente formant le prix de la jouis-
« sance, en doit partager le sort et être réduite ou
« prendre fin avec elle ; tandis que s'il y a eu ver-
« sement d'un capital, ils accordent indemnité.
« (V. M. Nadault de Buffon, T. Ier, p. 348.) La
« solution donnée dans la première hypothèse nous
« semble s'appuyer sur une sage appréciation de
« l'intention présumée qui a présidée au contrat.
« Dans la seconde, au contraire, nous ne voyons
« pas ce qu'on pourrait répondre à l'administration
« si elle prétendait qu'on n'a entendu acquérir qu'un
« droit soumis aux règles générales. Hâtons-nous
« cependant d'ajouter, qu'en fait, l'équité prêterait
« tant de faveur à la réclamation qu'on la verrait
« sans doute triompher. (V. ord. 14 janvier 1839.
« *Min. des Travaux publics*). »

Il faut donc, en principe, tenir pour certain que le droit à indemnité en cas de suppression ou de dommages causés par l'exécution de travaux publics, ne saurait naître qu'au profit des établissements fondés en titre, ayant une existence légale;

— que hors ces cas, la circonstance que la concession n'a été accordée qu'à titre onéreux, n'entraîne en aucune façon le droit à indemnité au profit des concessionnaires dont les établissements sont supprimés ou endommagés.

La raison en est simple. Les droits conférés aux concessionnaires sont révocables; — ils doivent connaître le vice qui frappe leur titre; l'État ne s'est point engagé envers eux, et en l'absence d'un engagement du concédant, sur quoi fonderaient-ils leur demande d'indemnité? Sur le préjudice causé? Mais le préjudice dont ils souffrent ne résulte pour eux que de l'exercice d'un droit incontestable du concédant.

Tel est le principe. Il est rigoureux, à la vérité, et aussi voit-on l'administration y apporter dans la pratique de tels ménagements, qu'on penserait que ce principe n'existe qu'en théorie.

Mais en dehors des ménagements qu'observe l'administration, ne pourrait-on pas dire qu'en certains cas l'indemnité devrait être accordée non à titre de pure faveur, non par une simple raison d'équité, mais bien par raison juridique, et parce que l'administration y serait obligée de droit?

Nous venons de voir M. Dufour citer un cas de concession faite moyennant une redevance annuelle, et décider que la concession venant à être retirée, la rente, la redevance annuelle doit en suivre le sort et finir avec elle. Rien de plus juste, mais ce n'est point simplement un motif d'équité qui fait décider ainsi : le véritable motif, M. Dufour l'indique, c'est une sage appréciation de l'*intention présumée* qui a présidé au contrat.

En décomposant les divers éléments que l'on rencontre dans une concession ainsi faite sous condition d'une redevance périodique, ne doit-on pas reconnaître qu'il y a deux actes juridiques bien distincts, la concession, d'une part, et, d'autre part, une convention qui n'est point expressément formulée; mais qui résulte de l'accord tacite et présumé des parties.

Considérée isolément, la concession ne saurait être la cause d'un droit à une indemnité en cas de retrait, de suppression, de réduction. Ne pourrait-on pas dire, en effet (comme on reconnaît que l'administration aurait strictement le droit de le faire, au cas d'une concession accordée moyennant le paiement une fois fait d'une somme au Trésor), que le concessionnaire qui accepte de payer une redevance annuelle, une sorte de rente, a dû faire son calcul et s'est décidé à payer ainsi par fractions périodiques l'avantage qu'on lui accordait; qu'il a dû faire entrer dans son calcul la chance de se voir privé du bénéfice qu'il entendait retirer de sa concession; — qu'il a dû prévoir le cas d'une suppression, et que cette suppression venant à être prononcée dans un intérêt public, il ne saurait prétendre à une indemnité?

Evidemment, une rente, une redevance périodique peut aussi bien qu'une somme une fois payée, constituer le paiement de la concession. Et dès lors l'administration si elle voulait rigoureusement user de son droit, pourrait légitimement refuser de décharger le concessionnaire de l'obligation de sa redevance.

Mais ce n'est point ainsi qu'a raisonné l'administration. Elle a reconnu implicitement, de bonne grâce, qu'à côté de la concession, qui sous quelque forme qu'elle fût faite ne pouvait à elle seule fonder en droit une demande à fin d'indemnité, elle avait entendu joindre une convention accessoire, un contrat complémentaire, d'après lequel la redevance devait cesser en même temps que la jouissance du concessionnaire, voilà pour le cas d'une concession faite moyennant une redevance périodique.

Venons maintenant à l'hypothèse d'une concession faite moyennant un capital une fois versé dans les caisses du Trésor, ou moyennant tel autre avantage que le concessionnaire aurait promis à l'administration.

Ne pourra-t-on décider ici encore qu'un contrat accessoire a pu, dans l'intention des parties, venir se joindre à la concession ? que ce contrat, bien que tacite, a bien réellement été consenti de part et autres ?

Nous pouvons prendre pour exemple l'octroi d'une concession faite moyennant l'exécution par le concessionnaire de certains travaux pour le compte de l'État. Ne pourrait-on voir alors dans la concession, comme une sorte de paiement des travaux exécutés, et ne devrait-on pas facilement admettre qu'il a été dans l'intention de l'administration, de garantir au concessionnaire le bénéfice qu'il était en droit d'espérer comme rénumération ? Que la concession accordée dans de pareilles conditions vienne à être brusquement retirée dans l'intérêt d'un service public. Le concessionnaire ne devra-t-il pas être admis à faire valoir que le bénéfice qui devait le rétribuer de ses travaux n'a pu se réaliser, qu'il avait compté sur cette rétribution, que l'administration la lui avait implicitement garantie, qu'en conséquence une indemnité lui est due ?

Nous pensons donc que la règle de non indemnité tout en étant absolue, et tout en ne recevant d'exception que dans les cas formellement spécifiés, peut être écartée par le moyen de clauses additionnelles, de conventions tacites ou expresses jointes à la concession, et que l'appréciation, par l'autorité compétente, des faits de chaque cause, décidera de l'existence des conventions qu'on pourrait invoquer.

C'est ainsi que nous serions tenté d'expliquer la doctrine que M. Cabantous enseigne d'une manière générale, (*Rép. de Dt. Adm.* n° 497) suivant laquelle une indemnité serait due quelle que fût l'époque de la concession, si elle avait été faite à titre onéreux moyennant un capital versé, ou de faire certains travaux dans l'intérêt public.

Nous le repétons, la concession faite postérieurement à 1566, qui n'a point été l'objet d'une vente nationale, quand bien même elle aurait été accordée moyennant un capital versé au Trésor ou l'exécution des travaux dans un intérêt public, ne constitue pas au profit du concessionnaire un droit au regard du concédant. Pour que dans ces conditions un droit d'indemnité au cas de suppression ait pu naître, il faut de toute nécessité un engagement de l'État, exprès ou tacite.

On voit que toute concession sur les eaux du domaine public ne confère que des droits de jouissance révocables et précaires. Il n'y a que les très rares exceptions que nous venons d'indiquer. Les concessions faites depuis l'an VI contiennent toutes d'ailleurs la clause de non indemnité. C'est un avertissement utile donné aux concessionnaires. Mais il est bien évident que l'omission de cette clause ne préjudicierait en rien aux droits de l'administration.

Cette clause de non indemnité n'a jamais soulevé de difficulté lorsqu'elle a été insérée dans les concessions portant sur les eaux du domaine public. Mais ils n'en a pas été ainsi, et de graves controverses se sont élevées dans le cas où cette clause se trouve annexée à une permission d'usine ou de prise d'eau sur les cours d'eau non navigables ni flottables. Il est facile de découvrir la raison de cette controverse.

Mais lorsqu'on parle du retrait d'une concession, de la suppression ou de la réduction de la force motrice d'une usine, du volume d'une prise d'eau, il est bien entendu que les mesures ne peuvent être prises qu'en vue de l'intérêt public, et que si elles venaient à être prononcées pour tout autre motif, la règle de la non indemnité devrait cesser de recevoir son application.

Sans doute les établissements et entreprises privés sur les dépendances du domaine public ne doivent jamais porter préjudice aux services publics; mais c'est pour les seuls besoins de ces services publics que la révocation peut être prononcée.

S'il en était autrement, il n'y aurait plus de sécurité pour les concessionnaires, et l'on verrait immédiatement se tarir cette source de fortune et de prospérité qu'alimente les établissements sur les dépendances du domaine public.

Il y aurait au cas d'une révocation ou d'une suppression prononcée pour tout autre motif que l'intérêt générale, un véritable excès de pouvoir de la part de l'autorité, « qui tout en faisant un acte « de sa compétence, comme le dit M. Aucoc, et en « suivant les formes prescrites par la législation use« rait de son pouvoir discrétionnaire pour un cas et « pour des motifs autres que ceux en vue desquels ce « pouvoir lui a été attribué. »

L'application de ce principe s'est présentée dans le cas d'une autorisation de construire une acqueduc sur une route.

De même que les fleuves et les rivières navigables, les routes font partie du domaine public, et sont, comme toutes ses dépendances imprescriptibles et inaliénables. L'autorisation de construire un acqueduc sous le sol public et domanial est donc une concession révocable et précaire.

Mais si le Préfet qui a accordé cette autorisation venait à la retirer, non pas dans l'intérêt de la viabilité, mais en vue d'attribuer la jouissance des eaux pluviales à un autre riverain qui aurait stipulé cette concession à son profit dans un contrat relatif à une expropriation, le Préfet userait de ses pouvoirs pour un motif autre que celui en vue duquel il devrait en user, et en conséquence, il les excèderait. V. Arrêt du Conseil 19 mars 1868. Dubier.

Il faudrait pour les mêmes motifs donner une solution semblable, dans le cas où une suppression ou une altération viendrait à être ordonnée dans un autre intérêt que celui de la liberté de la navigation ou de la sûreté des propriétés riveraines.

Comme le dit fort bien M. Dufour « Les conséquen-« ces de travaux publics projetés et exécutés dans « tout autre but que dans le but d'assurer le ser-« vice de la navigation ou d'empêcher la jouissance « abusive se règlent à l'égard des usines, par les « mêmes dispositions que pour les autres biens du « domaine privé. » (V. Dufour, t. IV, n° 373.)

Supposons qu'une indemnité soit due pour la suppression d'une usine ou pour l'altération de la force motrice, quelle autorité sera compétente pour prononcer sur le règlement de l'indemnité?

Les règles sont ici les mêmes, quels que soient les cours d'eau sur lesquels les usines sont établies.

Mais nous ne nous occupons néanmoins que des établissements et entreprises sur les cours d'eau du domaine public.

On faisait autrefois une distinction. On séparait le cas de suppression et de réduction d'avec le cas d'un simple chômage. Pour régler l'indemnité dans le premier cas, on ne reconnaissait pas que l'autorité administrative fût compétente, malgré qu'on n'ait jamais nié sa compétence pour décider aux termes des art. 48, 57 de la loi du 16 septembre 1807 de la légalité des établissements.

On est revenu sur cette distinction qui n'est plus admise aujourd'hui. C'est notamment depuis 1847 que le Conseil, dans une série d'arrêts, a posé en principe que la suppression ou la réduction de la force motrice d'une usine ne constitue, au même titre que le chômage, qu'un simple dommage. Le motif en est que la pente des eaux n'est pas susceptible de propriété. La privation de la jouissance de la pente ne constitue donc qu'un dommage pour lequel l'indemnité doit être réglée par l'autorité administrative. En 1850, cette solution fut consacrée par plusieurs décisions du conseil d'Etat : elle fut adoptée par la Cour de Cassation.

Mais en 1855, la Cour suprême est revenue sur sa jurisprudence.

Les décisions du Conseil d'Etat se fondent sur cette considération que les eaux navigables sont chose publique ; que la pente des cours d'eau navigable est aussi une chose publique : et que sur des biens publics on ne saurait concevoir l'existence d'une propriété privée.

Rien de plus juste pour les concessions faites depuis les lois de la période révolutionnaire, pour les concessions sur le domaine public constitué, tel qu'il l'est de nos jours.

Mais le Conseil d'Etat, en même temps qu'il déclare que les cours d'eau navigables sont des choses publiques, semble considérer les cours d'eau non navigables et la pente de ces cours d'eau, comme des *res nullius* ou des *res communes*.

Dans les deux cas, par conséquent, l'atteinte portée à la jouissance de ces biens, *res publica* ou *res nullius* ne saurait coustituer qu'un simple dommage.

Mais, pourrait-on dire, si les cours d'eau navigables et leur pente sont choses publiques, ils ne sont pas insusceptibles de propriété; s'ils ne sont pas susceptibles de propriété privée, c'est qu'ils sont dans le *domaine public*; c'est donc qu'ils ne répugnent pas à toute idée d'appropriation.

Supposons maintenant qu'antérieurement à 1566 une concession translative de propriété ait été accordée sur de pareils biens par le Souverain.

Il y a incontestablement droit à indemnité en cas de suppression; mais en pareils cas, et suivant la nature de l'objet de la concession, suppression d'une propriété privée. Ne faudrait-il pas alors, dans de semblables circonstances, reconnaître la compétence de l'autorité judiciaire (V. Dufour, t. IV, n° 440 et 374. et les décisions citées).

Les principes généraux qui régissent les concessions faites sur le domaine public fluvial s'appliquent aussi aux concessions faites sur le domaine public maritime et les gouvernent. Les principes sont les mêmes, et les différences ne sont que dans le détail.

De même que les fleuves et les grandes rivières, les rivages de la mer font partie du domaine public; de même que les fleuves et les rivières sont une richesse publique et donnent à l'industrie des forces toujours actives, à l'agriculture d'intarissables ressources, de même la mer et ses rivages constituent une autre et considérable partie de la richesse du pays, exploitée et mise en valeur par les endiguements, par la récolte du sel, par la pêche côtière, par la récolte des herbes de mer.

De nombreux services maritimes se partagent la surveillance. Les agents des ponts-et-chaussées dépendant du ministère des travaux publics dont la mission comprend la constatation des contraventions commises, constructions non autorisées, extraction de matériaux; les officiers et agents dépendant du ministère de la marine, commissaires de l'inscription maritime, commissaires aux travaux, syndics des gens de mer, etc., etc...., dont la mission a pour objet principal la liberté de la navigation, l'*accès* des côtes.

Les contraventions sont constatées par des procès-verbaux et décernées au conseil de préfecture, comme en matière de grande voirie (V. L. de floréal an X).

L'ordonnance de la marine de 1681 (liv. IV. tit. VII. art. 2.), défend « de bâtir sur les rivages de la « mer, d'y planter aucun pieux, de faire aucuns « ouvrages qui puissent porter préjudice à la naviga- « tion, à peine de démolition des ouvrages, de confis- « cation des matériaux et d'amendes arbitraires. »

Tous ouvrages, de quelque nature qu'ils soient, qui constituent une entreprise sur le rivage de la mer, tombent sous le coup de l'ordonnance. Extraction de matériaux dépendant du rivage; plantations sur le rivage de la mer exécutées sans autorisation constituent des délits qui, en vertu du décret du 10 avril 1812, sont assimilés aux délits de grande voirie, entraînant la compétence des conseils de préfecture, et qui punis autrefois, d'amendes arbitraires, sont régis actuellement par la loi du 23 mars 1842, relative à la quotité et au chiffre de l'amende arbitraire.

Toutes les autorisations données par l'administration sont comme en matière des établissements sur les cours d'eau navigables et flottables et par les mêmes motifs révocables et précaires. La théorie du droit à indemnité s'applique ici de tous points. Et nous trouvons aussi, en cas d'entreprises à la mer, des cas d'exception dans lesquels la suppression ne peut être prononcée que moyennant indemnités; des cas dans lesquels c'est en vertu d'un droit incommutable, définitif, que les particuliers jouissent des entreprises exécutées à la mer ou sur le rivage.

Les établissements de pêche nous en offrent d'importants exemples. La législation sur la grande pêche et la pêche côtière est considérable et fort ancienne. Froissart nous atteste déjà l'existence des *trèves pescheresses.*

Une ordonnance de 1584 pose les premiers principes : puis vient la grande ordonnance de la marine avec son admirable commentaire. Viennent enfin les lois du 9 janvier 1852, du 21 février 1852, les décrets des 4 juillet et 6 septembre 1853, qui réglementent à nouveau la matière, mais en suivant toujours les principes fondamentaux de 1681.

La pensée commune, qui se retrouve dans les ordonnances de 1584 et 1681, aussi bien que dans les lois récentes, est une pensée de restriction. Les établissements sédentaires de pêche, sont vus avec défaveur, et de soigneuses recherches sont édictées pour découvrir les établissements non autorisés et les faire disparaître.

Ce n'est que justice : car ces établissements constituent pour leurs possesseurs un profit sans charge ; les possesseurs n'ont aucune des obligations des gens de mer ; ils ne sont pas soumis à l'inscription maritime, ils ne sont d'aucun secours pour l'État, et ils feraient à la pêche côtière, si on les tolérait en trop grand nombre, une concurrence ruineuse. On peut dire sans exagération que permettre aux parcs et pêcheries sédentaires de se multiplier, c'est détruire à coup sûr les réserves de notre flotte. (V. le Rapport de M. le Ministre de la marine, du 21 novembre 1854, *sur l'exécution de la loi* du 9 janvier 1852; — *Bulletin officiel de la marine*, 1855, 1er sem., p. 3).

La législation nouvelle de la pêche côtière, dont le point de départ est la loi du 9 janvier 1852, est une refonte générale des anciens réglements. C'est une œuvre d'unification, et non d'innovation.

Voici, d'ailleurs, comment s'exprimait M. Ducos, ministre de la marine, au début d'un rapport à l'empereur qui a précédé, le décret du 4 juillet 1853, portant règlement sur la pêche maritime dans les arrondissements de Cherbourg, Brest, Lorient et Rochefort.

« Sire, écrivait M. le ministre, en promulguant, « le 9 janvier 1852, la loi relative à la police de la « pêche côtière, vous avez voulu régénérer une in« dustrie de premier ordre, menacée dans le prin« cipe même de son existence, par de nombreux « et déplorables abus. Cette loi en permettant de « poursuivre dans une certaine mesure l'applica« tion des anciens règlements trop longtemps en« freints, faute d'une sanction pénale efficace, a « comblé une lacune que tous les gouvernements « qui se sont succédés depuis le commencement du « siècle avaient en vain cherché à faire disparai« tre. »

La refonte générale exécutée en 1852 avait, dès

1806, été prescrite au ministre de la marine. Ces prescriptions ne purent être suivies : la guerre maritime s'y opposait. En 1816, les études furent reprises et poussées avec vigueur; et, en 1822, un projet de règlementation avait été préparé, qui créait une juridiction spéciale devant connaître des délits de pêche et assurer, par la promptitude et la sévérité de ses décisions, la répression des infractions. Ce projet fut abandonné.

Ce sont aujourd'hui les tribunaux correctionnels qui connaissent des délits de cette nature.

Voici un sommaire rapide des principales dispositions des décrets réglementaires rendus à la suite, et, en exécution de la loi du 9 janvier 1852, quant à ce qui touche les établissements sédentaires.

Le titre 9 du Règlement de Cherbourg porte pour rubrique :

« Conditions d'établissement des pêcheries, des « parcs à huîtres, à moules, et des dépôts de coquillages; conditions de leur exploitation..., etc... »

Les pêcheries sont provisoirement maintenues, qui ont été établies en vertu d'autorisations régulières. De même pour les parcs à huîtres, etc... (art. 138.)

Les détenteurs de ces établissements qui, dans un délai fixé (3 mois), à dater de la notification du décret, ne produiront pas leurs titres, seront tenus de *démolir immédiatement, à leurs frais, lesdits établissements* (art. 129.)

A l'expiration de ce délai, recensement général

des pêcheries et autres établissements analogues, par les soins du commissaire de l'inscription maritime, auquel s'adjoindra un officier de vaisseau désigné par le préfet maritime, ou par les chefs de service de la marine, et un pilote de la station locale.

On signalera les établissements qui seraient nuisibles à la navigation (art. 140.)

Description sera donnée des établissements, avec des renseignements sur leur position, la date de de leur autorisation, les noms des détenteurs, etc... (art. 141, 142.)

Les autorisations de former ces établissements qui aux termes du décret du 9 janvier 1852 (art. 2, doivent être données par le ministre de la marine seront de préférence données aux inscrits maritimes ou à leurs familles (art. 144.)

Enfin l'art. 174 du décret de Cherbourg s'énonce ainsi : « Les parcs à huîtres ou à moules et les dé-
« pôts de coquillages établis en vertu d'autorisa-
« tions régulières sont provisoirement maintenus
« conformément à l'art. 138, à la condition que
« leurs détenteurs se conforment aux dispositions
« du présent décret. Ces autorisations sont accor-
« dées à titre gratuit, mais précaire et révocable.
« La durée n'en est pas limitée. »

Cet article qui, nous ne savons pourquoi, n'a pas été reproduit dans le troisième règlement (Règlement de Lorient), contient dans sa dernière partie la formule des concessions domaniales.

La suppression, la révocation dans un intérêt public de navigation est donc de droit, et ne le peut, à moins de clauses spéciales par lesquelles l'administration se serait engagée, donner lieu à aucune indemnité.

La suppression est ordonnée par un arrêté du préfet maritime visé par le ministre.

Telle est la condition légale, la condition normale des établissements fixes de pêche. Nous avons à examiner maintenant les cas d'exception, et le cas spécial où une pêcherie aurait été établie dans une propriété privée.

L'ordonnance de la marine de 1681 visait, elle aussi, les usurpations si nombreuses commises sur le sol domanial maritime, et décidait que tous établissements de pêcheries, postérieurs à 1544, ne pouvaient être maintenus par leurs possesseurs à l'encontre de l'État, et que ces concessions étaient révocables du moment que l'intérêt supérieur de l'administration venait à l'exiger.

Toutes concessions postérieures à 1544, et antérieures à la période révolutionnaire sont, de même que les concessions faites de nos jours révocables et précaires.

C'est ce qui avait été décidé par un arrêt du Conseil, en date du 4 août 1762, cité par M. Chalvet (*Études sur la Législation des bords de la mer.*) Cet arrêt se trouve aux *Archives nationales*, section administrative. L. E. n° 2402.

Voici dans quelles circonstances il avait été rendu :

Une pêcherie, appartenant à Mme de Montréal, fût détruite en partie par l'ouverture du canal du Languedoc.

La dame de Montréal réclama une indemnité, en disant que la pêcherie qu'elle possédait avait été concédée, en 1564, et avait été maintenue en 1748; par arrêt du Conseil.

Le syndic général des États de Languedoc répondait que la concession faite à la dame de Montréal était révocable; que le titre de 1748 (maintenue prononcée par arrêt du Conseil), ne saurait suppléer à l'insuffisance de la concession première de 1564, et qu'en tous cas, la concession première aussi bien que la maintenue était contraire à l'ordonnance de la marine, à laquelle on ne pouvait déroger.

Et le Roi, en son Conseil, débouta la dame de Montréal de sa demande à fin d'indemnité.

Le droit de l'administration depuis la période révolutionnaire jusqu'à la loi de 1852, n'a cessé d'être consacré par la jurisprudence.

Le ministre de la marine avait décidé l'abolition des madragues possédées sur les côtes de la Méditerranée par M. le prince de Rohan-Rochefort, en vertu de lettres-patentes et d'arrêts du Conseil.

On opposa, en faveur de M. de Rohan, que l'administration avait non pas le droit de supprimer les madragues, mais seulement le droit de les déplacer, si elles venaient à faire obstacle à la navigation.

Pour l'administration, on répondait que le ministre avait sans doute le droit de déplacer les madragues, mais qu'il avait aussi, et sans conteste, le droit exclusif de décider s'il pouvait accorder un nouvel emplacement, si cette désignation était opportune, et qu'il avait par suite le droit, après avoir supprimé les anciennes madragues, de refuser l'autorisation de les établir sur un emplacement nouveau.

Ordonnance royale, en date du 10 août 1847, qui repousse la prétention de M. le prince de Rohan :

« Vu l'ordonnance de 1681 ; l'arrêté du 9 Germi-
« nal, an IX, et la loi du 6 juillet 1793 ; — con-
« sidérant qu'aux termes des lois et règlements de
« de la matière, il appartient à notre ministre de la
« marine de prescrire sur la mer et sur ses rivages
« l'exécution de toutes les mesures qu'il juge
« utiles pour assurer la liberté et la sûreté de la na-
« vigation ; que les décisions qu'il a prises pour or-
« donner l'enlèvement des madragues dont il s'agit
« ne constituent que des actes administratifs faits
« par notre dit ministre, dans la limite de ses pou-
« voirs ; et qu'elles ne font pas obstacle à ce que le
« prince de Rohan-Rochefort réclame, s'il s'y croit
« fondé et obtienne, s'il y a lieu, le rétablissement
« de ses madragues dans un autre emplacement... »

Sur la demande de M. le prince de Rohan à fin de rétablissement sur autre emplacement, le Conseil d'État décida qu'à l'administration seule appartenait de décider de la convenance du rétablissement

(Arrêt du Conseil, du 7 décembre 1850, cité par M. Chalvet; — V. aussi le *Rapport* de M. Royer-Collard, soumis le 25 novembre 1850 à la Commission chargée d'élaborer le projet du décret — loi du 9 janvier 1852.)

Il est des pêcheries qui ne sont point établies sur le sol domanial, — mais sur des propriétés privées, et qui communiquent avec la mer par des canaux de dérivation, par lesquels le frai est amené. Les possesseurs de ces pêcheries ont soutenu que leurs établissements échappaient à la loi du 9 janvier 1852, et que la suppression n'en pouvait être prononcée.

On a répondu, au nom de l'Etat que l'établissement qui ne repose pas sur le sol domanial ne pouvait être supprimé; mais que les appareils de dérivation amenant l'eau de la mer dans ces pêcheries constituaient une entreprise sur la mer ou son rivage, et qu'en conséquence ces appareils pouvaient être supprimés ou tout au moins leur fonctionnement.

Ces dérivations seraient en effet, au point d'amorce, comme une sorte de servitude imposée sur le sol domanial; et un démembrement de la propriété, pas plus que la propriété elle-même, ne peut être constitué sur les biens du domaine public.

Les raisons de fait ne manquent pas non plus. Les pêcheries ainsi établies sur des propriétés privées et alimentées par la mer, font, ainsi que le remarque fort justement M. Chalvet, une concurrence injuste à la pêche en bateau; de plus le frai amené par les eaux de la mer y périt en proportions considérables. Il est donc d'un intérêt général bien entendu de restreindre les établissements de cette nature et de les soumettre à la surveillance de l'autorité. (V. Cass., ch. crim., 19 janvier 1856. *Messager.*)

Examinons maintenant quelle est la condition légale des pêcheries antérieures à 1544, établies sur le sol domanial.

En fait, et récemment (en 1853), des arrêtés de suppression ont été pris par le Ministre de la Marine au sujet d'établissements qui existaient antérieurement au XVIe siècle, et aucune indemnité n'a été proposée.

Que le Ministre ait le droit de prononcer la suppression, aucun doute sur ce point. C'est l'exercice du droit suréminent de police en vue de l'intérêt des services publics.

Mais toutes la question est de savoir s'il était dû ou non une indemnité.

Voici les arguments de l'administration, tels qu'ils sont résumés par M. Cholvet dans son remarquable travail.

On dit d'abord que de tout temps les terrains baignés par les flots de la mer ont été considérés comme résistant à toute appropriation privée; et qu'on ne peut assimiler le rivage aux propriétés ordinaires qui autrefois constituaient le domaine de la couronne, déclaré et reconnu inaliénable par l'édit de février 1566. Si les rivages de la mer sont inaliénables, ils le sont, non pas en vertu d'une convention, non pas en vertu d'un édit, d'une disposition législative, mais bien parce que la nature des choses le veut ainsi : Ils ne sont pas par leur *nature*, susceptibles d'une appropriation privée.

Cette différence n'était point méconnue autrefois. Que l'on compare en effet l'édit du domaine de 1566 et l'édit de 1584 sur les parcs et pêcheries en particulier, et l'on verra que ces deux domaines ne sont point assimilés.

En 1566 le domaine est déclaré inaliénable, une révision des concessions est ordonnée : c'est reconnaître que les concessions régulières, antérieures à une certaine date avaient pu donner naissance à un droit de propriété.

En 1584, on ordonne purement et simplement que les parcs et pêcheries construits depuis quarante ans seront abattus et démolis; et il n'est point dit qu'il soit besoin d'examiner si la construction de ces établissements a fait l'objet de concessions régulières ou a été faite sans autorisation.

L'art. 35 de l'édit de 1584 a maintenu les pêcheries antérieures à une certaine date ; c'est une mesure de pure bienveillance, car le même article ne permet la conservation de ces pêcheries tolérées que moyennant certains changements à apporter à leur disposition. Or, prescrire des modifications dans des établissements qui constitueraient une propriété entre les mains de leurs détenteurs, ce serait déjà violer le droit de propriété : ce qui ne peut être admis.

Enfin, l'ordonnance de la Marine de 1681, les arrêts du Conseil des 27 décembre 1730, 21 avril, 26 octobre 1739 qui prescrivaient la représentation des titres ne permettent pas de raisonner autrement.

On répond : il a pu être vrai, à Rome, qu'on assimilât le rivage aux choses *omnium communes*, à l'air, à l'eau considérée comme telle, et qu'une disposition de la loi positive ait réalisé cette assimilation à laquelle résiste la nature même des choses.

Mais notre ancienne monarchie, plus près de la réalité, ne séparait par aucune distinction le rivage des autres dépendances du domaine de la couronne ; et l'on peut dire que si le rivage de la mer est imprescriptible, ce n'est qu'en vertu de l'édit de 1566. Puis, on ne peut oublier que les idées sur le domaine public aux Xe, XIe et XIIe siècles étaient fort différentes des idées romaines et des idées reçues aux derniers siècles de notre ancienne monarchie.

Il y a eu, en fait, pour les tenants fiefs, et par eux dans la suite, nombre d'aliénations portant sur de grandes rivières; par nos rois de fréquentes aliénations de ce genre nous sont attestées par l'histoire. Quel principe a pu soustraire les rivages de la mer à de pareils actes de disposition, alors que nous retrouvons dans des démembrements féodaux la trace irrécusable de semblables aliénations?

En fait, cela est indiscutable, des actes de disposition ont eu pour objet le rivage de la mer. En conséquence si l'Édit de 1584, maintient les concessions antérieures à 1544, c'est qu'avant cette époque le rivage de la mer était aliénable.

Quant à l'argument tiré des modifications imposées aux établissements anciens, il peut être écarté par cette considération bien simple, qu'en imposant des modifications, le souverain ne faisait qu'user de son droit de police générale, dans un but d'intérêt public, et par cet autre principe, vrai dans tous les temps, que la propriété n'a jamais été, ni pu être le droit de nuire au public. (V. Rennes et Caen, 14 mars, 18 juin 1859. *Req.* 6 février 1861.)

Pour conclure donc, si les établissements de pêcheries postérieurs à 1544 n'existent qu'à titre de tolérance et peuvent être supprimés sans qu'aucune indemnité soit due, — il en est tout autrement des concessions faites antérieurement à 1544, alors que le domaine de la Couronne n'avait point encore été déclaré inaliénable.

Sans doute les établissements de cette dernière espèce peuvent être supprimés: mais l'exercice souverain de ce droit de police ne prive pas les possesseurs du droit de réclamer une indemnité.

Quant aux travaux effectués sans autorisation, voici quels sont les errements suivis dans la pratique par l'administration. (Voir M. Chalvet, ouvrage cité.)

Le directeur général des domaines se fait désigner par le directeur des douanes, par les ingénieurs en chefs des ponts-et-chaussées préposés au service de la navigation, par les chefs de services de la guerre et de la marine, parmi les établissements existant en fait et non autorisés, ceux qui pourraient faire l'objet d'une régularisation, et être autorisés par une décision ministérielle. Dans le cas où l'avis est favorable, le directeur des domaines invite le possesseur de l'établissement à se pourvoir auprès du ministre des finances. Et alors intervient un arrêt du préfet, approuvé par le ministre.

L'autorisation est accordée suivant certaines conditions et contient la clause de suppression sans indemnité dans le cas où le service de la pêche où de la navigation obligerait à prendre cette mesure.

Que si au contraire les avis des différents agents de l'administration qui doivent être consultés ne sont pas favorables au maintient des entreprises, la destruction est ordonnée et les possesseurs sont cités devant le Conseil de préfecture, qui est compétent comme en matière de grande voirie.

Nous n'entrerons pas dans le détail des formalités qui précèdent ou accompagnent les demandes de concessions sur les dépendances du domaine public, ou les régularisations d'entreprises excutées sans autorisation.

On sait la variété des biens qui composent le domaine public. Ces biens sont régis pour la plupart par les lois spéciales rendues pour ainsi dire, à mesure que de nouveaux besoins se sont produits et qui organisent pour chaque nature de biens en particulier la surveillance administrative, classent dans les attributions des divers agents de la hiérarchie administrative les mesures et les actes qui doivent émaner de ces autorités diverses, assurent en même temps le respect des droits acquits et le maintient de la destination publique.

C'est principalement en matière de concessions sur les cours d'eau navigables et flottables que les règles d'instructions de demande et d'attributions ont été tracées avec un soin minutieux. Peut-être trouvera-t-on que ces formalités sont trop multipliées et apportent par leur nombre et les délais qu'elles entraînent, des entraves au développement de l'industrie ; mais il faut se rappeler qu'il n'est pas de matière où l'on trouve en opposition des intérêts plus divers et plus considérables.

Ainsi et malgré les critiques dont ils ont été l'objet, l'instruction ministérielle du 19 thermidor an VI et la circulaire du 16 novembre 1834, qui fixent les formes des demandes d'autorisation d'usines et de prises d'eau, doivent-elles être selon nous, considérées comme de véritables modèles.

Aussi voyons-nous les dispositions qui y sont

contenues reproduites en substance dans les divers monuments législatifs intervenus depuis lors, qui ont, pour objet l'instruction des demandes de concessions et la garantie des droits des tiers dans les diverses parties du domaine public.

Aussi donnerons-nous de l'instruction ministérielle du 17 thermidor, an VI, et de la circulaire du 18 novembre 1834, une analyse sommaire, renvoyant pour les autres dépendances du domaine public, la mer et les rivages, les places de guerre, etc... à l'ensemble de la législation sur chacune de ces matières.

La demande est faite en forme de pétition motivée, et adressée au préfet ; le préfet la renvoie au maire de la commune dans laquelle doit s'exécuter le barrage ou la prise.

La demande est affichée par les soins du maire pendant vingt jours, pour mettre les divers intéressés en mesure de présenter leurs observations.

A l'expiration du vingt-troisième jour, délai compté du jour de l'affichage, procès-verbal est dressé par le maire. Les oppositions qui ont pu se produire, sont consignées dans ce procès-verbal, et y sont annexées.

Les observations des divers intéressés y sont relatées.

Si aucune opposition ne s'est produite dans le délai ci-dessus mentionné, il en est fait mention dans le procès-verbal qui peut contenir aussi, et l'avis personnel du maire et l'avis du Conseil municipal.

Mais ces avis ne peuvent être donnés sans que le maire se soit transporté sur les lieux accompagné du pétitionnaire et des autres intéressés.

Cela fait, la première enquête est terminée.

Le dossier est envoyé au sous-préfet, visé par lui et retourné au préfet. Le sous-préfet peut joindre ses observations.

Commence alors la période d'instrution par l'administration.

L'ingénieur en chef transmet le dossier à l'Ingénieur d'arrondissement, chargé d'instruire et de visiter les lieux.

L'ingénieur ordinaire donne administrativement avis au maire du moment où il fera sa visite. La mission de l'ingénieur ordinaire a pour objet principal de rechercher quel sera l'effet de la concession au point de vue de l'intérêt public.

L'ingénieur ordinaire dresse un procès verbal dans lequel sont consignées les observations des intéressés.

L'instruction administrative est alors terminée. L'ingénieur ordinaire vise le plan annexé à la demande, si aucun plan n'a été dressé il en fait exécuter un, et rédige son rapport qui doit contenir :

L'Etat des lieux,

Les circonstances diverses de la demande.

Les conditions à insérer dans l'autorisation.

Le rapport est adressé à l'ingénieur en chef qui fait lui même sont rapport.

Le dossier est renvoyé au maire. Il reste déposé

pendant quinze jours à la mairie afin qu'une nouvelle enquête soit ouverte et que tous les intéressés soient mis à même de produire leurs observations.

Que s'il arrive des oppositions fondées sur des moyens tirés du droit de propriété, d'usage... le préfet renvoie devant les tribunaux et surseoit.

Si les oppositions ne reposent pas sur des moyens de cette nature, le préfet prend un arrêté d'admission ou de rejet.

Cet arrêté est notifié à tous les intéressés, puis transmis avec le dossier au ministre des travaux publics qui, après nouvel examen fait procéder à la rédaction définitive de la décision à intervenir.

Seule la décision du ministre est définitive. L'arrêté du préfet n'est qu'un acte préparatoire. Mais comme les délais sont fort longs, les formalités nombreuses, on tolère en pratique que le pétitionnaire commence les travaux d'appropriation dès que l'arrêté du préfet a admis sa demande. Toutefois cette exécution provisoire est toute aux risques et périls du pétitionnaire.

Toutes ces formalités ont pour objet l'instruction de la demande, et se résument en deux ordres différents d'opérations, l'enquête et l'instruction administrative.

Quant à l'autorité compétente pour accorder

les concessions sur le domaine public fluvial, le décret du 25 mars 1852 est venu modifier les règles précédemment observées et résoudre en même temps un grand nombre de questions sur lesquelles ni la doctrine ni la jurisprudence n'étaient fixées et qui ont donné lieu à des décisions fort diverses selon qu'elles émanaient du Conseil d'État ou de la Cour de Cassation.

C'est aujourd'hui au préfet, sauf recours au ministre qu'il appartient d'autoriser : 1° sur les cours d'eau navigables et flottables, les prises faites au moyen de machines et qui, eu égard au volume du cours d'eau, n'auraient pas pour effet d'en altérer sensiblement le régime ; 2° les établissements temporaires sur les mêmes cours d'eau, alors même qu'ils auraient pour effet de modifier le régime ou le niveau des eaux, et de fixer la durée de la permission ; 3° l'établissement des débarcadaires sur les bords des fleuves et rivières pour le service de la navigation, et de fixer les tarifs et les conditions d'exploitation de ces débarcadaires.

Ces décisions doivent être prises sur l'avis ou la proposition des ingénieurs en chef.

Pour toutes entreprises non spécialement désignées dans le tableau D, annexé au décret du 25 mars il faut, bien évidemment appliquer les anciennes règles.

Jusqu'au décret du 25 mars, l'autorisation du chef de l'État était indispensable pour la construction des usines, de même que pour les dérivations et prises dans les cours d'eau navigables et flottables.

L'attribution au chef de l'Etat résultait et de l'ordonnance de 1669 tit. 27, art. 49 et de l'arrêté du 19 ventôse au 6. (V. Proudhon *Dom. public*, nos 1067. 1123.)

La suppression des entreprises qui portent atteinte à la liberté de la navigation, qui nuiraient au libre écoulement des eaux, qui constitueraient un danger public, a toujours été dans les attributions de l'autorité préfectorale. Quelquefois même en cas d'extrême urgence, l'autorité municipale est investie de ce pouvoir.

L'attribution aux préfets dérive d'abord de la loi du 22 décembre 1789, sect. 3, art. 2 et de la loi du 20 août 1790 ; de l'arrêté du Directoire exécutif du 19 ventôse an VI.

C'est ainsi qu'il a été jugé d'abord, que le préfet peut ordonner sauf recours au ministre la destruction d'une usine non autorisée, et même d'une usine autorisée, lorsque des motifs d'ordre public réclament impérieusement cette mesure (Déc. Conseil d'Etat, 28 février 1809, Monatéry, V. Dall. *Jur. gén.* V. *Eaux*, n° 337, 1°; — déc. Conseil d'Etat, 15 octobre 1809, Gabet ; — déc. Conseil d'Etat, 21 août 1816, de Sercilly, V. Dall., *Jur. gén.*, *V. Eaux*, n° 473.)

De même encore le préfet peut ordonner la suppression de lavoirs flottants établis sur une rivière (Déc. Conseil d'Etat, 28 août 1822, de la Morlière, V. *Jur. gén.*, *V. Eaux*, 473, 8°).

De même enfin le préfet a le droit de révoquer les concessions faites à des particuliers qui auraient violé les conditions sous lesquelles la concession a été accordée (arr. 19 ventôse an VI; — V. aussi les considérants d'un décret du Conseil d'Etat du 13 janvier 1813, *Jur. gén.*, V° *Eaux*, 476, 10°).

Hors les cas où le préfet a reçu de la loi une attribution spéciale, ce n'est donc qu'à l'autorité supérieure qu'il appartient de prononcer la révocation des concessions.

C'est d'ailleurs ce qui a été décidé par ordonnance du Conseil d'Etat du 29 août 1821, Aff. Martin, sur le rapport de M. Tarbé; et le décret du 25 mars 1852 qui a étendu dans une large mesure les attributions des préfets, n'a pas innové sur ce point.

Les formalités qui doivent accompagner les demandes de concessions sur le domaine public maritime sont tracées d'une part, pour les établissements de pêche par les lois et décrets de 1852 et 1853 et d'une manière générale par les Ordonnances du 23 septembre, 1er octobre 1825, relatives aux concessions dont s'occupe la loi de 1807 (droit d'endigage, lais et relais, etc.)

Cette dernière ordonnance qui sauf le droit d'endigage ne vise que des concessions portant sur le domaine de l'Etat, paraît toutefois devoir s'appliquer aux concessions sur le domaine public maritime.

Le décret du 21 février, 12 mars 1852, rendu sur le rapport de M. Ducos, porte dans son art. 3 que l'avis du ministre de la marine devra être réclamé et son assentiment obtenu pour les autorisations relatives à la fondation d'établissements de quelque nature qu'ils soient, sur la mer et ses rivages.

Quant au droit de suppression, il faut distinguer soigneusement entre le cas de révocation par mesure d'intérêt public et général, par mesure de police, et le cas de révocation pour inexécution des charges et conditions imposées au concessionnaire.

S'agit-il d'une révocation par mesure de police générale, la mesure prise par l'administration est comme l'acte de concession lui-même, une mesure discrétionnaire, contre laquelle aucun recours au contentieux ne saurait être admis.

S'agit-il au contraire de la révocation prononcée pour inexécution des charges, le débat devient contentieux, alors même que le retrait serait demandé sur les poursuites de l'administration elle-même.

Le concessionnaire doit être appelé; s'il ne l'a pas été, la voie du recours contentieux lui est ouverte contre l'ordonnance, de même que contre toute décision rendue par défaut (V. Chauveau, III, 1717, — V. aussi Serrigny, *Compét. administrative*, n° 26; il s'agit il est vrai d'une concession de mines.)

Les concessions peuvent être révoquées pour inexécution des conditions, soit d'office, soit sur la demande des tiers intéressés.

Les concessions qui émanent de l'autorité supérieure ne peuvent être révoquées que par le chef de l'Etat, en conseil d'Etat. Tel est le principe général, auquel il faut obéir à défaut de texte positif apportant une exception.

Lorsque ce sont des tiers qui demandent la révocation, le débat, dit Chauveau (III, 1710) est porté ordinairement devant le Conseil d'État, qui juge contentieusement en premier et dernier ressort.

Le concessionnaire bien évidemment doit être appelé et fournir ses défenses. S'il n'était pas appelé, ou s'il ne se défendait pas, la voie ordinaire de l'opposition lui serait ouverte.

L'acte par lequel une concession est accordée peut malgré toutes les précautions prises par l'administration, froisser des intérêts ou porter atteinte à de véritables droits, et par conséquent soulever les réclamations des divers intéressés.

Quels sont ces intérêts, quels sont ces droits? Comment et devant quelle juridiction peuvent-ils être invoqués?

En ce qui concerne le concessionnaire lui-même, ses réclamations ne sauraient en aucune façon s'appuyer sur un droit. Il sollicite une faveur. Il n'a aucun recours contre la décision qui statue sur sa demande. A moins bien entendu que la concession qui lui est accordée ne blesse un droit qui lui serait antérieurement acquis. C'est ce qui en fait s'est produit quelquefois dans le cas de concessions nouvelles.

Quant aux réclamations des tiers, il y a lieu d'examiner soigneusement quel en est le fondement.

Sont-elles fondées sur un droit, il est évident que l'acte de l'administration ne saurait y porter atteinte.

C'est un principe bien certain, qui n'a pas besoin d'être démontré, que les concessions administratives ne peuvent être faites que sauf les droits des tiers.

« *Sauf notre droit en autres choses, et l'aultrui en* « *toutes* » disaient nos anciennes chartes.

Les concessions administratives ne peuvent porter que sur le domaine public seul : elles ne peuvent en rien préjudicier aux droits des tiers.

Peu importe d'ailleurs que ces droits des tiers soient ou ne soient pas expressément réservés dans l'acte de concession. Une pareille clause n'a pas besoin d'être insérée. Elle figure virtuellement dans tous les actes. Nombre de décisions ont consacré d'ailleurs ce principe indiscutable. Mais la difficulté consiste à distinguer le droit, du simple intérêt, et à reconnaître la juridiction compétente qui doit statuer sur la réclamation.

Dans certains cas, (et il serait à désirer que la loi exigeât de semblables précautions dans toutes les concessions administratives,) une forme spéciale d'opposition a été ouverte aux tiers intéressés, qui leur permet de se faire connaître, de former leurs réclamations avant que la concession qui pourrait leur nuire fût définitivement accordée. Nous aurons à examiner bientôt la nature et la forme de cette opposition en signalant les difficultés auxquelles elle a donné naissance.

En dehors de ce droit d'opposition ouvert dans certains cas spéciaux, et soumis à des formes particulières, les réclamations des tiers doivent être portées soit devant la juridiction administrative, soit devant la juridiction judiciaire, selon leur nature, suivant l'objet de la demande, en se conformant aux règles générales sur la compétence.

Les réclamations ont-elles pour objet un droit de propriété, de servitude ; se fondent-elles sur des titres exacts du droit commun ? C'est aux tribunaux de l'ordre judiciaire qu'il appartient de statuer.

Ces réclamations ont-elles pour fondement un intérêt général que l'on prétendrait n'avoir pas été suffisamment reconnu par l'administration ; ou se fondent-elles au contraire sur un droit privé qui, à raison de sa nature ou de l'acte en vertu duquel il est établi est compris au nombre des matières administratives? c'est alors à la juridiction administrative ou à l'administration pure qu'il appartient de décider.

Peu importe d'ailleurs qu'elles soient parties contendantes ; que la contestation s'élève entre l'administration et le concessionnaire, entre l'administration et des tiers, entre les tiers et le concessionnaire, ou entre concessionnaires seulement, la règle de compétence est la règle générale, et il faut, pour reconnaître la juridiction qui doit prononcer, examiner la nature de chaque réclamation, et rechercher si elle doit être soumise, soit à l'autorité administrative, soit à l'autorité judiciaire.

Tout est donc dans la nature de la réclamation.

Quelques exemples sont nécessaires. C'est en matière d'établissement sur les cours d'eaux que les réclamations se sont produites le plus souvent : et c'est à ce sujet que les controverses ont été le plus vives.

Que l'on suppose une réclamation fondée sur l'intérêt public, sur le danger du refoulement des eaux par suite de l'établissement d'une usine. L'administration ayant la mission de réglementer les cours d'eau non-seulement en vue de la navigation, mais aussi en vue de l'intérêt général des usiniers, des riverains, c'est à elle seule que la réclamation doit être portée; et encore cette réclamation ne pourra-t-elle jamais être produite par la voie contentieuse.

Prenons un autre exemple. Un concessionnaire d'usine sur un cours d'eau navigable et flottable souffre d'un dommage résultant de travaux exécutés par l'administration dans un intérêt autre que l'intérêt de la navigation sur ce cours d'eau, que l'intérêt de sécurité générale. La réclamation du concessionnaire en pareil cas, doit être portée devant l'autorité administrative, la matière étant une matière d'administration.

Autre exemple encore :

Un établissement créé sur le domaine public en vertu d'une concession régulière, souffre d'un préjudice causé par la construction d'un autre établissement régulièrement autorisé, lui aussi. Réclamation du premier concessionnaire. La question rentre évidemment dans le contentieux administratif : il s'agit des suites d'un acte administratif, et de l'appréciation de cet acte.

D'autre part, le premier concessionnaire dans la présente hypothèse a un droit véritable et non point un simple intérêt à faire valoir. Un droit véritable, disons-nous, bien que la concession qu'il a obtenue soit révocable. La révocation de la concession, il faut bien se le rappeler, ne peut être prononcée sans indemnité qu'en vue de l'intérêt public, et non point en vue d'un intérêt privé, de l'intérêt d'un autre concessionnaire. De même que la concession ne peut être directement révoquée en vue d'un intérêt privé, de même le bénéfice qui en résulte ne peut être indirectement retiré par l'effet d'une seconde concession portant atteinte à la première.

Mais supposons que malgré la réclamation du premier concessionnaire, l'administration ne retire point la seconde concession.

Que va devenir le droit du premier concessionnaire ?

Pourra-t-il obtenir un dédommagement ?

Devant quelle juridiction devra-t-il porter sa demande ?

En pareils cas, c'est l'autorité judiciaire qui devra être saisie, à l'effet de procurer sur la demande en dommages-intérêts que le premier concessionnaire dirige contre le second, qui par son établissement nouveau a créé un dommage à l'établissement antérieurement et régulièrement créé. (En matière d'eaux, v. sur la distinction du droit et simple intérêt nos anciens docteurs : Barthole, *de Flumin.* Godefroy, *cout. de Normandie*, art. 210. Legrand, *cout. de Troyes*, art. 180. Brodeau *c. de Paris*, art. 71. Boucherel, *c. du Poitou*, art. 40. d'Argentré Favre, c. *de serv. et aq. def.* 5. Henrys. t. I. liv. 3. ch. 3. quest. 54. v. Dalloz *jurisp. gén.* V° *Eaux*, n° 116. Proudhon, *dom. publ.* n° 193. Garnier, t. 3 page 230.)

L'autorité judiciaire doit aussi et peut connaître des moyens tirés du droit commun sur lesquels s'appuient les réclamations des intéressés.

Par exemple, en matière de cours d'eau du domaine public, un riverain prétend que le terrain où s'appuie le barrage établi par le concessionnaire lui appartient; que le concessionnaire qui serait un riverain s'est engagé envers lui à ne pas modifier le point d'eau par des constructions quelconques, etc....

Les tiers intéressés pourront donc dans nombre de cas avoir deux actions : la première, de la compétence de l'autorité administrative à fin de révocation ou de modification de l'acte administratif qui leur nuit; la seconde, de la compétence de l'autorité judiciaire, à fin d'indemnité contre le concessionnaire qui leur a causé un dommage. (v. Dufour, t. 4505 et suiv. p. 541 et suiv ; — *Ord. sur Conflit* du 18 juillet 1838;

— Arrêt de cassation du 14 février 1833, cités par M. Dufour, t. 4 n° 503.,

Mais une question fort délicate est celle de savoir si l'autorité judiciaire peut prescrire la destruction des travaux exécutés conformément à une ordonnance de concession, et dans quel cas cette destruction peut être ordonnée.

Au début il y avait dissentiment entre la Cour de Cassation et le Conseil d'État. La Cour décidait que la compétence des tribunaux de l'ordre judiciaire n'allait pas jusqu'à ordonner, même en exécution d'un titre la destruction de travaux autorisés par l'administration, mais seulement jusques à prononcer des dommages-intérêts. (Arrêt de Cass. du 26 janvier 1841 cité par M. Dufour T. 4. n° 504.)

La jurisprudence du Conseil d'État a fini par prévaloir, et la Cour de Cassation s'y est ralliée.

C'est en matière d'établissements sur les cours d'eau que la question s'est présentée le plus souvent, et relativement surtout aux cours d'eau non navigables. Ces derniers ne font pas il est vrai partie du domaine public, mais ils ont sur ce point certaines règles communes avec les cours d'eau navigables.

On distingue tout d'abord les travaux d'intérêt public des travaux d'intérêt privé. La compétence se fixe par cette distinction. Puis, dans le cas où les travaux exécutés ont été autorisés dans un intérêt privé et portent atteinte aux droits d'un tiers, on reconnait aux tribunaux de l'ordre judiciare le pouvoir d'ordonner la démolition des ouvrages. L'autorisation donnée en pareil cas, à l'exécution des ouvrages, n'a lieu, comme toujours, que sous la réserve du droit des tiers, et l'administration, n'a à s'occuper en accordant cette autorisation que de savoir si les travaux seraient ou non préjudiciables à l'intérêt général.

Comme le dit M. Dufour, (t 4 nº 504) il n'y a pas d'assimilation possible entre la résistance fondée sur un titre et la plainte motivée par un dommage, dans le cas, faut-il ajouter, où les travaux ont été autorisés dans un l'intérêt privé.

L'autorité judiciaire en prescrivant la destruction des ouvrages ne porte aucune atteinte à l'acte administratif qui autorisait la contruction. L'administration en donnant son autorisation n'a consulté que l'intérêt général qui ne devait pas être menacé par l'intérêt privé, auquel elle donnait satisfaction. Mais l'administration ne pouvait, allant au delà de sa mission, s'établir le juge de droits résultant de titres, de conventions entre particuliers qui peuvent rendre impossible la mise à exécution de l'autorisation, ou le maintien des travaux exécutés. V. *la jurisprudence du Conseil et de la Cour suprême* dans les diverses décisions suivantes : Cour Cass. 22 janvier 1868. D. P. 68 1. 197; — Cons. d'Et. 14 février 1861 D. P. 61. 3. 18; — Cons. d'Et. 18 nov. 1868. D. P. 71 3. 83; — Civ. cass. 7 avril 1868. D. P. 68 1. 197; — Req. 14 mars 1870. D. P. 70. 1. 330; — Cons. d'Et. 7 mai 1871. D. P. 72 3. 43; —

V. aussi le *rapport* de M. de Belbeuf dans l'arrêt du Conseil du 18 nov. 1868, et une ordonnance du 22 juin 1825, rendue sur le rapport de M. de Rozières.

Le recours contre les actes de concession a donné lieu aux plus vives controverses.

Nous l'avons dit déjà, en cas de refus de l'autorisation sollicitée, pas de difficultés possibles. Aucun recours contentieux n'est ouvert.

Pas de difficulté non plus, si les formalités prescrites n'ont pas été observées par l'administration. Ceux même qui sans avoir un droit prescrit, ont un intérêt sérieux à faire valoir, peuvent demander par la voie contentieuse, l'annulation de la concession.

Mais prenons pour exemple une concession d'eau accordée après l'accomplissement de toutes les formalitées prescrites et par l'arrêté du 19 ventôse et par la circulaire ministérielle du 19 thermidor an V. Les intéressés ont été entendus, ou dûment avertis, ne se sont pas présentés.

Sont-ils recevables, en cas pareil, à attaquer la concession par voie de tierce opposition ?

MM. Daviel et Garnier (Daviel, t. 1er, p. 363; t. 2., n° 660 ;—Garnier, *suppl. au règl. des eaux*, p. 118.) enseignent que l'opposition est toujours recevable, à moins pourtant que les délais du pourvoi ne soient écoulés.

M. Dufour (t. 1 p. 230) constate que la jurisprudence formelle du Conseil n'admet point la recevabilité du pourvoi.

M. Serrigny se range à la doctrine du Conseil. (t. V, n° 253).

Proud'hon et M. de Cormenin (*Proudhon*, D. publ. A. 3 n° 1055.) introduisent une distinction : L'opposition est ou n'est pas recevable suivant que les tiers ne se sont pas présentés ou que leurs observations ont été visées dans le décret de concession.

La jurisprudence du Conseil est positive. Les formalités ayant été remplies, les tiers intéressés qui ont été entendus ou qui avertis n'ont produit aucune réclamation, ne sont point recevables à attaquer par la voie de la tierce-opposition l'ordonnance rendue sur la demande de concession.

L'ordonnance ainsi rendue est contradictoire ou réputée telle. « C'est, dit M. Dufour, la conséquence des principes que les décrets revêtus de « la forme des règlements, en même temps qu'ils « consacrent des mesures de pure administration, « tranchent les questions juridiques du ressort de « l'autorité administrative, qui s'y rattachent. »

D'ailleurs quels inconvénients le système contraire ne présenterait-il pas ! Ce serait admettre une sorte de révision, et les tiers ne pourraient-ils pas attendre que les travaux de la concession fussent entrepris et même terminés, pour en demander alors seulement la suppression ?

Ainsi, d'après la doctrine du Conseil, les intérêts sont appréciés souverainement dans l'ordonnance rendue avec toutes les formalités et les garanties requises.

Quant aux droits positifs, il n'est pas besoin de dire qu'ils sont toujours réservés, et les tiers peuvent les faire valoir devant les tribunaux.

Il est parfaitement évident que les droits des tiers qui sont du ressort de l'autorité judiciaire ne sauraient être appréciés et jugés par l'autorité administrative.

Mais faudrait-il décider qu'un droit de recours de l'autorité administrative ne pourrait plus être débattu une fois l'ordonnance de concession rendue dans les formes prescrites?

Nous ne pensons pas que ce recours ultérieur pourra être repoussé par l'autorité de la chose jugée. Pour qu'il y ait chose jugée, ainsi que le dit M. Trolley, (*Traité de la Hiérarchie administrative.* tom. V. pag. 85 et suiv.) il faut une instruction régulière, contradictoire, — il faut les garanties d'un débat oral et public, la délibération d'une autorité spécialement désignée, et spécialement saisie du débat.

En thèse ordinaire, poursuit M. Trolley, les droits des tiers son réservés intacts. *Beneficium principis nemini debet esse damnosum.*

Quoiqu'il en soit, la jurisprudence du Conseil est depuis longtemps établie sur ce point; et une fois les formalités remplies, les recours contre l'ordonnance sont invariablement rejetés.

POSITIONS

DROIT ROMAIN.

I. — En matière de *precarium* la prescription trentenaire prend son point de départ au jour de la tradition, sans qu'il soit besoin pour la faire courir d'une réclamation du *dominus*.

II. — Le *precarium* a été admis au nombre des contrats.

III. — La loi 19 du *prec.* § 2, doit être entendue sans modification, autre que la suppression de ces mots : *id est præscriptis verbis.*

IV. — Le *precarium* remplaçait en droit romain notre privilége du vendeur en droit français.

V. — Ulpien, dans la loi 8 du *prec.*, § ult. tout en admettant la transmission du *precarium* à l'héritier suppose que le *rogatus* emploie la voie de l'interdit de *precario*.

VI. — Sans parler de l'hypothèse de Niébuhr et de Savigny, sur l'origine du *precarium* et sa première application, — l'utilité de ce rapport de droit se conçoit en le supposant joint à un autre acte juridique dont il est, appelé à modifier les effets.

DROIT CIVIL.

I. — La règle d'après laquelle le domaine public est inprescriptible et inaliénable ne souffre aucune exception.

II. — Les dépendances du domaine public peuvent faire entre particuliers l'objet d'une action possessoire. L'administration seule peut invoquer la domanialité.

III. — Les bâtiments ou autres ouvrages unis au sol, sont immeubles par leur nature par quelque personne qu'ils aient été construits, par le propriétaire ou par un tiers, fermier, locataire ou usufruitier ; — mais, lorsque les constructions ont été faites par un tiers qui n'avait aucun droit réel sur le fonds, et en supposant que le propriétaire n'ait pas renoncé au bénéfice de l'accession, — ce tiers n'a sur les constructions par lui faites qu'un droit mobilier.

IV. — Le particulier qui prétend que sa propriété a été englobée dans le domaine public par une délimitation inexacte ne peut en aucun cas s'adresser au tribunaux de l'ordre judiciaire pour faire rectifier ou annuler cette délimitation et se faire remettre en possesion ; il ne peut davantage se pourvoir devant eux à l'effet d'obtenir une indemité.

V. — L'héritier renonçant, ne peut retenir cumulativement la portion disponible et sa part dans la réserve.

VI. — La subrogation est une action juridique admise ou établie par la loi, en vertu de laquelle une obligation éteinte au regard du créancier originaire, par suite du paiement qu'il a reçu d'un tiers ou du débiteur, mais avec les deniers qu'un tiers lui a fournis à cet effet, est regardée comme continuant de subsister au profit de ce tiers qui est autorisé à faire valoir, dans la mesure de ce qu'il a déboursé, les droits et actions de l'ancien créancier.

DROIT CRIMINEL.

I. — Une Commission parlementaire ne peut ordonner la communication des pièces d'une instruction suivie d'une ordonnance de non-lieu.

II. — L'individu poursuivi pour diffamation par la voie de la presse peut, bien qu'acquitté sur la déclaration de non-culpabilité du jury, être condamné par la Cour d'assises à des dommages-intérêts envers la partie civile.

PROCÉDURE CIVILE.

I. — L'incompétence des tribunaux civils pour statuer sur les matières commerciales ou sur celles qui sont soumises à la juridiction des juges de paix est une incompétence *ratione materiæ*.

II. — Les tribunaux français saisis d'une demande en exécution d'une décision rendue par une juridiction étrangère n'ont point mission de réviser la sentence du juge étranger.

DROIT ADMINISTRATIF.

I. — La concession administrative sur un bien dépendant du domaine public est un acte administratif.

II. — L'impétrant est non recevable à attaquer par la voie contentieuse les clauses de l'acte de concession qui lui sembleraient trop onéreuses, et parmi ces clauses, celle de démolition sans indemnité des ouvrages autorisés.

III. — Les tiers opposants, alors même qu'ils ont été entendus dans l'instruction et qu'ils ont fourni des mémoires à l'appui de leur opposition, sont recevables à attaquer par la voie contentieuse l'ordonnance de concession.

IV. — L'autorité judiciaire n'excède pas ses pouvoirs en ordonnant la destruction des travaux autorisés par l'administration, mais entrepris dans un intérêt privé.

V. — Les concessions administratives sur les dépendances du domaine public sont précaires et révocables.

Vu par le Président de la thèse,
VUATRIN.

Vu par le Doyen :
G. COLMET-DAAGE.

VU ET PERMIS D'IMPRIMER,
Le Vice-Recteur de l'Académie de Paris,
A. MOURIER.

Paris. — Imp. F. Pichon, 51, rue des Feuillantines.

Paris. — Imprimerie F. Pichon, 31, rue des Feuillantines.

www.ingramcontent.com/pod-product-compliance
Ingram Content Group UK Ltd.
Pitfield, Milton Keynes, MK11 3LW, UK
UKHW020121200726
13856UKWH00002B/654